JN014322

音声ダウンロード

 音声再生アプリ「リスニング・トレーナー」（無料）

朝日出版社開発のアプリ、「リスニング・トレーナー（リストレ）」を使えば、本書の音声をスマホ、タブレットに簡単にダウンロードできます。どうぞご活用ください。

まずは「リストレ」アプリをダウンロード

▶ App Store はこちら   ▶ Google Play はこちら

アプリ [リスニング・トレーナー] の使い方

❶ アプリを開き、「コンテンツを追加」をタップ

❷ QRコードをカメラで読み込む

❸ QRコードが読み取れない場合は、画面上部に **01276** を入力し「Done」をタップします

QRコードは㈱デンソーウェーブの登録商標です

※付属CD廃止のお知らせ

本書には CD表示がありますが、貼付音声 CD は廃止し、音声 DLアプリ「リスニング・トレーナー」のご提供に変更になりました。

話してみたい 中国語必須フレーズ100

相原 茂

朝日出版社

はじめに

勉強するのに贅沢をためらうことはない

　ネイティブがよく使う中国語フレーズ100個を集めてみた。常的によく耳にするものばかりだ。これはおぼえたほうがいい。必須100フレーズだ。

　会話でしょっちゅう使うのは、本書が挙げるような、さげりない、しかし、この場面では絶対このフレーズという小粒の言葉たちなのである。日本語で考えてみれば分かる。こ難しい議論を始めるのでなければ、よく使うのは「じゃあ」とか「冗談だろ」「おつかれさま」といった短くてシンプルな、毎日繰り返されているフレーズである。

　100フレーズと銘打ってはいるが、実は1つのフレーズを学ぶと、そのバリエーションが効く。応用が効く。ちょっと変えるだけで常用文になる。
　だから、100フレーズどころではない。ざっと400フレーズは楽に学習することになる。

　しかも個々のフレーズについて、その成り立ちから用法を詳しく説いた。いかなる場面で、どんな気持ちで使うか、どういう効果があるかも簡潔にしてポイントをつく解説を試みた。さまよえる中級者の求めに応えうるものだ

　ことばをマスターするにはコツがある。
　これらのフレーズを使う場面をいきいきとイメージすることである。
　自分が使うシーンを想像するのだ。誰に向かって言うのだろうか。表情もたっぷりと、嫌みな言葉なら嫌らしく、皮肉っぽいフレーズならそれなりに、時にはキザに決めて。あなたが役者になったように演じるのである。これは一つの体験である。使う場面を活き活きと想像したのなら、実際に使ったのと同じだ。使われたフレーズは、間違いなくあなたの頭と心にしみ込んでゆく。

　使用される場面を、記憶に残るようにイラストで描いてみた。4人の才華あふれるイラストレータに腕を競っていただいた。これだけでも十分なエンターテインメントになっている。

　Mao's collectionは、私が中国語とかかわって40年。気がついたら書斎の骨董というかガラクタが随分増えていた。読書の合間にふと椅子を立ち、これらの愛すべきガラクタの前にたつ。グッズを眺め、手にし、もてあそぶ。あっという間に半時ほど経ってしまうが、これでどんなに安らぎを与えてもらったか知れない。それを公開してみた。

　正直、こういう本を作りたいと思っていた。出版社には、わたしのわがままを聞いていただき、カラーで贅沢かつ楽しい本を作っていただいた。ほんとうに贅沢はすてきだ。勉強するのに贅沢をためらうことはない。楽しい思いをしながら、しっかり賢くなろう。

　本書は主婦の友社版『中国語最強フレーズ100』の新版である。名称を「最強」から「必須」に改めた他、内容については誤植等を正した。

2022年春　相原　茂

中国語必須フレーズ100
CONTENTS

Part 1

これぞ定番!

最も使用頻度が高く、中国人も日本人も自然と口にするフレーズを集めました。役立つフレーズなので、丸暗記しましょう。

你什么时候有空？Nǐ shénme shíhou yǒu kòng?
（いつ時間がありますか）

1

CD
001

ひさしぶり。

好久没见.

ハオヂウ　メイ　チエン
好久 没 见.
Hǎojiǔ　méi　jiàn.

 気くばりの言葉を添えて

長い間ご無沙汰していた人に，ひさしぶりに会ったときは
"好久没见"。"好久" hǎojiǔの "好" hǎoは「よい」の意味で
はありません。「とても」とか「大変」という意味です。"好
高" hǎo gāoなら「とても高い」，"好大" hǎo dàなら「と
ても大きい」です。ここは "好久" ですから「とても久しい」
つまり「長い間」です。"没见" méi jiànは「会っていない」で，
「長い間会っていない」=「ひさしぶり」となります。
"好久没见" とセットで，相手の近況をたずねるセンテンス
を覚えておきましょう。よく使うのが「最近どう？」"你最
近怎么样?" nǐ zuìjìn zěnmeyàng?。"怎么样" zěnmeyàng
は「どうですか」という意味の疑問詞（→P134）。ほかに
も "你好吗?" nǐ hǎo ma?（元気?）など一言添えて旧交を
あたためましょう。

注意! "好久没见"
の "好久"
hǎojiǔは 第3声が連
続しているので
hǎojiǔ→háojiǔと な
ります。"见" jiànの
発音にも注意。iとn
に囲まれたaは「エ」
に近い音。"见" jiàn
は［ジアン］ではな
く［ジエン］と読み
ます。

6

応用センテンス

Ⓐ ハオヂウ　メイ チエン　　ニー　　ヅイチン　　ヅェンマヤん
好久 没见, 你 最近 怎么样?
Hǎojiǔ　méi jiàn,　nǐ　zuìjìn　zěnmeyàng?
（ひさしぶりだね。最近どう？）

Ⓑ ウォー ハイ シん　　ニー　ナ
我还行, 你 呢?
Wǒ hái xíng,　nǐ　ne?
（まあまあです。あなたは？）

解説

「最近どう？」と聞かれたらお決まりの答え方は "还行" hái xíng "还好" hái hǎo（まあまあです）。副詞 "还" hái（まあまあ）に「よい」という意味の形容詞 "行" xíng "好" hǎoを付けます。"最近特别忙"zuìjìn tèbié máng（最近忙しくて）や "还是老样子" háishi lǎo yàngzi（相変わらずです）など自分の答えを用意しておきましょう。

練習　言ってみよう！

久しぶりだね，元気だった？

答えはP8

Mao's collection

闹钟 nàozhōng

香港で見つけた時計。文化大革命の頃のだと言う。赤い色がいかにも革命的だ。中国語で時計は二つの言い方がある。腕にするものが "表" biǎoで，腕時計は "手表" shǒubiǎoと言う。目覚ましや掛け時計のように持ち運びしないものは "钟" で，目覚まし時計は "闹钟"，掛け時計は "挂钟" guàzhōngと言う。両方一緒くたにして言いたいときは "钟表" zhōngbiǎoである。たとえば "修理钟表" xiūlǐ zhōngbiǎo（時計修理いたします）など。

どうぞ。

请进.

チン　チン
请进.
Qǐng　jìn.

Point お付き合いの必須アイテム

"请" qǐng（どうぞ～してください）は英語の*please*のようなもので，中国人とのお付き合いには欠かせない必須アイテムです。"进" jìnは「入る」，"请进"で「どうぞお入りください」。"请○○"の形で○○にいろんな動詞を入れると，おもてなしに役立つフレーズが作れます。"坐" zuò（座る）を入れて"请坐" qǐng zuò（どうぞお座りください），"喝茶" hē chá（お茶を飲む）を入れて"请喝茶" qǐng hē chá（どうぞお茶をお飲みください）などなど。
日本語ではどれも「どうぞ」で済んでしまうところを，中国語ではきちんと動詞を入れるのがポイントです。

注意! "请进" qǐng jìnの発音は要チェック！"请"は第3声なので低く低く抑えてから，次の第4声の"进"を目指します。有気音，無気音にも注意。"请" qǐngは有気音なので息を出す，"进" jìnは無気音なので息を出さない。切り替えをすばやくして。

P7の練習の答え　好久没见,你好吗？　Hǎojiǔ méi jiàn, nǐ hǎo ma?

応用センテンス

チんウェン　ニン　グイシン
请问，您贵姓?
Qǐngwèn,　nín　guìxìng?
（すみません，お名前は？）

チんウェン　シーショウチエン　ヅァイ　ナール
请问，洗手间在哪儿?
Qǐngwèn,　xǐshǒujiān　zài　nǎr?
（トイレはどこですか）

解説

"请"シリーズでよく使うのが "请问" qǐngwèn「お伺いしますが」。知らない人にものを尋ねるときの前置きとして重宝します。"您贵姓？" nín guìxìng?は「お名前は？」。

お茶を飲む時の「どうぞ」は中国語で？

どうぞ。

答えはP10

Mao's collection

肩章 jiānzhāng

中国の "少年先锋队" shàonián xiānfēngduì（ピオニール，少年先鋒隊）の "肩章" jiānzhāng である。日本のボーイスカウトのようなものである。7歳から14歳までが少年先鋒隊に参加できる。"小队" xiǎoduì は5〜13人ぐらいで編成され，小隊が2つ以上あつまり，"中队" zhōngduì となる。中隊が2つ以上で "大队" dàduì となる。それぞれの隊長は "小队长 xiǎoduìzhǎng" "中队长 zhōngduìzhǎng" "大队长 dàduìzhǎng" と呼ばれる。少年先鋒隊を卒業すると14歳から "共青团" gòngqīngtuán（共産主義青年団）に入団することになる。これもしかし28歳までで退団し，そのあとは共産党への入党ということになる。

Part 1

これぞ定番！

9

3

CD
003

ちょっと待って。

请你等一下.

<ruby>请<rt>チん</rt></ruby> <ruby>你<rt>ニー</rt></ruby> <ruby>等<rt>ドん</rt></ruby> <ruby>一下<rt>イーシア</rt></ruby>.

请 你 等 一下.
Qǐng nǐ děng yíxià.

 お願いの "请" qǐng

すでに「どうぞ」の "请" を取り上げましたが，ここでは「～してください」とお願いをする "请" です。"一下" yíxià（ちょっと）を用い "请你○○一下"「ちょっと○○してください」の形で，○○には動詞が入ります。"看" kàn（見る）を入れて，"请你看一下" qǐng nǐ kàn yíxià（どうぞご覧ください），"试" shì（試す）を入れて "请你试一下" qǐng nǐ shì yíxià（どうぞお試しください），"写" xiě（書く）を入れて "请你写一下" qǐng nǐ xiě yíxià（書いてください）。
"你" nǐ の代わりに "您" nín を使うとより丁寧になります。

注意! "等" děng の意味と発音に注意！ 意味は「等しい」ではなく「待つ」です。漢字にまどわされないように。 日本人はděngをdōngと発音してしまいがち。eの音が甘くならないように気をつけて。"请你等一下" の "请你等" の部分は第3声が3つ連続しています。qǐng nǐ děng→qíng ní děng と変調して読みましょう。

P9の練習の答え　请喝茶.　Qǐng hē chá.

（電話で）

ウェイ　　ワん　チんリー　ヅァイ　マ
A 喂，王 经理 在 吗?
Wéi,　Wáng　jīnglǐ　zài　ma?
（もしもし，王社長いらっしゃいますか？）

チん　ニン　ドん　イーシア
B 请 您 等 一下.
Qǐng　nín　děng　yíxià.
（少々お待ちください）

解説

中国語で電話を受けるなんてちょっとドキドキ。何と言っているのかわからなかったら下手にいろいろ言うより "请您等一下" と逃げるのも一つの手です。"喂" wéiは「もしもし」，"经理" jīnglǐは「社長」，"～在吗?" zài ma? で「～さんはいらっしゃいますか」。

ちょっと来てください。

答えはP12

Mao's collection

请勿打扰 qǐng wù dǎrǎo

ホテルでドアの外にぶらさげる*don't disturb*の中国語版がこれである。"请" qǐngは「どうぞ」，"勿" wùは「〜するなかれ」そして "打扰" dǎrǎoは「じゃまする」だ。こういうふうに4字句にしてしまうのが中国式だ。ほかにも "闲人勿进" xián rén wù jìn（無用の者立ち入り禁止），"请勿吸烟" qǐng wù xī yān（タバコはご遠慮ください）など。次は4字ではないが，いかにも中国だ。"请勿随地吐痰" qǐng wù suídì tǔ tán（みだりに痰を吐くべからず）。

4

CD 004

もう一度言って。

请你再说一遍.

I LOVE YOU

チン　ニー　ヅァイ　シュオ　イー　ビエン
请 你 再 说 一 遍.
Qǐng nǐ zài shuō yí biàn.

Point 図太くなろう！

外国語はできなくて当たり前。わからなくても堂々と「もう一度言って！」と要求する図太さが上達の秘訣です。「～してください」とお願いするフレーズは"请你～"qǐng nǐ ～（→P10）でした。これに "再" zài（再び）と "一遍" yí biàn（一度、一回）を付けて "请你再说一遍"。
"请你再○○一遍" の形で○○に動詞をいれ「もう一度○○してください」と頼むことができます。"请你再念一遍" qǐng nǐ zài niàn yí biàn は「もう一度読んでください」、"请你再查一遍" qǐng nǐ zài chá yí biànは「もう一度調べてください」。一度であきらめず、何度も要求してみましょう。

注意! "一遍" yí biànの "一" の声調変化に注意。"一" の声調は元々第1声yīですが、後に来る音の声調によって変化がおきます。
yī+第1声
＝yì qiān（一千）
yī+第2声
＝yì nián（一年）
yī+第3声
＝yì bǎi（一百）
yī+第4声
＝yí biàn（一遍）

P11の練習の答え 请你来一下. Qǐng nǐ lái yíxià.

応用センテンス

チン　ニー　ヅァイ　シュオマン　ディアル
请你再说慢点儿.
Qǐng nǐ zài shuōmàn diǎnr.
（もっとゆっくり話してください）

ウォー　ブー　ミンバイ　　チン　ニー　シエ　イーシア
我不明白，请你写一下.
Wǒ bù míngbai, qǐng nǐ xiě yíxià.
（わからないので，ちょっと書いてください）

解説

「ゆっくり話してください」は"慢"
màn（ゆっくり）を用いて"请你说慢
点儿" qǐng nǐ shuōmàn diǎnr。それ
でもだめな場合はあきらめずに"请你
再说慢点儿"と要求します。また，も
う一度聞いてわからなくてもあきらめ
ないで。奥の手の「筆談」があります！
"请你写一下" qǐng nǐ xiě yíxià（書い
てください）は最終手段としてとって
おきましょう。"不明白" bù míngbai
は「理解できない」。

練習　言ってみよう！

わかりません。もう一
度言って下さい。

答えはP14

Mao's collection

书签1 shūqiān

しおりである。中国のしおりは4枚がセットと
いうのが多い。日本なら3枚とか5枚になると
ころ，中国は偶数になることが多い。これは北
京の名所を4つデザイン化したもの。すなわち
"故宫" Gùgōng，"天坛" Tiāntán，"万里长城"
Wànlǐ Chángchéng，"天安门" Tiān'ānménだ。
ちなみに"牙签" yáqiānと言えば「つまようじ」，
"浮签" fúqiānなら「付箋」のこと。

いい？

可以 吗?
コーイー　　マ

Kěyǐ　　ma?

 「ジェスチャー」＋"可以吗？"

文化が違う国では「やってもいいこと」と「やってはいけないこと」をしっかり把握するのが，トラブル回避のコツ。自分の常識に頼らず，どんどん "可以吗？"「いい？」と聞いてみましょう。このフレーズを使いこなすポイントは，何に対して "可以吗？" と聞いているのかはっきりジェスチャーで示すこと。たとえば，カメラを手にして "可以吗？" と聞けば「撮影してもいいですか？」の意味であることは一目瞭然です。「ジェスチャー」＋"可以吗？" は何でも聞けちゃう万能フレーズ！

注意! "可以" kěyǐ（してもよい）は許可を表す助動詞。"可以" kěyǐと第３声が連続しているので，前の第３声が "可以" kéyǐと第２声に変調します。"可以" の "可" kěの発音に注意。有気音のkと母音のe，どちらも注意して。

P13の練習の答え
我不明白（我没听懂），请你再说一遍.
Wǒ bù míngbai(wǒ méi tīngdǒng),qǐng nǐ zài shuō yí biàn.

応用センテンス

チャール　コーイー　チョウイエン　マ
这儿可以抽烟吗?

Zhèr　kěyǐ　chōuyān　ma?

（ここでタバコ吸ってもいいですか）

コーイー　シー　イーシア　マ
可以试一下吗?

Kěyǐ　shì　yíxià　ma?

（ちょっと試してもいいですか）

解説

愛煙家の必須センテンス。"可以○○吗？"の形で○○に動詞フレーズを入れて，具体的にたずねることができます。"这儿" zhèrは「ここ」，"抽烟"chōu yānは「タバコを吸う」。"试" shìは「試す」，"一下" yíxiàは「ちょっと」。お店で服の試着をしたいときなどに使います。

聞いてみよう。

見てもいいですか。

答えはP16

Mao's collection

书签2 shūqiān

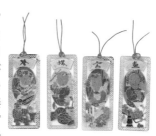

中国では4つでワンセットというのが多い。"风花雪月" fēng huā xuě yuèとか "甲乙丙丁" jiǎ yǐ bǐng dīngとか "春夏秋冬" chūn xià qiū dōngとか，いろいろありそうだ。このしおりでは "琴棋书画" qín qí shū huàがセットになっている。人たるものが身に付けるべき4つの技能である。"琴" qínとは "弹琴" tánqín, 楽器を奏でること。"棋" qíは "下棋" xiàqí, 囲碁をたしなむ。"书" shūは "写字" xiězì, 書がたくみなこと。"画" huàは "绘画" huìhuà, 絵ごころがあることだ。皆さんは一通りお出来になるでしょうか。

6

だめ。

ブー シン
不行.

Bùxíng.

Point "不行" でダメだし

なにも言わなくても事がスムーズに運ぶ日本とは違って，中国で快適に過ごすためにはきちんと自己主張しなければなりません。時には「No！」と言える私になりましょう。そんなときに役立つのは "不行"。人からの要求を「ダメ！」と断ったり，人の意見や提案を「それはダメだ！」と拒絶するときに使います。中国では自分の利益を大声で主張するのは当たり前のことなので，遠慮せずどんどん "不行" とダメだしをしましょう。

注意! P14でマスターした "可以吗?" kěyǐ ma?に「No」と言うときにも "不行" を使います。

可以吗？－可以／不行.
（いいですか。－いいですよ／ダメです）

这儿可以抽烟吗？ Zhèr kěyǐ chōu yān ma?－可以／不行.（ここでタバコを吸ってもいいですか－いいですよ／ダメです）

P15の練習の答え 可以看看吗？ Kěyǐ kànkan ma?

チンティエン　ワンシャん　ウォーメン　イーチー　チー　ファン　バ

A 今天 晚上 我们 一起 吃 饭 吧.

Jīntiān　wǎnshang　wǒmen　yìqǐ　chī　fàn　ba.

（今晚一緒に食事しませんか）

チンティエン　ブーシん　ガイティエン　バ

B 今天 不行, 改天 吧.

Jīntiān　bùxíng,　gǎitiān　ba.

（今日はだめです，また今度）

Part
1

これぞ定番！

解説

誘いを断るときの決まり文句。"○○
不行"の形で何がダメなのか具体的
に言うことができます。断るだけで
は角が立つので"改天吧." gǎitiān
ba.（またいずれ）をつけるのを忘れ
ないで。

練習　言ってみよう!

"明天一起去看电影吧"（明日
一緒に映画に行こう）と誘わ
れました。"不行"を使って断
りましょう。

明日はだめ。
また今度。

答えはP18

Mao's collection

铁路帽 tiělùmào

これは"铁路工人" tiělù
gōngrén がかぶっている帽
子である。紅い星の中央に
鉄道のマークがついている。
"铁路路徽" tiělù lùhuī とい
う。ほかにも，いろいろな
マークがある。"邮电徽"
yóudiànhuī は郵便・電信
マークである。"中央电视
台" Zhōngyāng diànshìtái
は別名CCTVともいう，中
国の中央電視台だ。

铁路路徽

邮电徽

中央电视台

7

CD 007

トイレはどこですか。

厕所在哪儿?

ツースォ　ヅァイ　ナール

厕所 在 哪儿?

Cèsuǒ　zài　nǎr?

Point 活用度No. 1 ！

何はおいてもこれだけは覚えて欲しい，活用度No. 1 のセンテンス。"哪儿" nǎr（どこ）は英語のwhereにあたる疑問詞。"○○在哪儿?"（○○はどこ？）の○○にいろいろな名詞を入れて，"邮局／银行在哪儿？" yóujú/yínháng zài nǎr?（郵便局／銀行はどこ？）などと応用できます。答えるときは"哪儿"を適当な言葉に言い換えて，"厕所在哪儿？" cèsuǒ zài nǎr?→"厕所在那儿" cèsuǒ zài nàr（トイレはあそこにあります）とすればOK。

注意! "厕所"は文字通り「トイレ」のこと。"厕" cèは日本人の苦手な発音です。eの音に気をつけて。"哪儿" nǎr（どこ），"那儿" nàr（あそこ）は漢字，声調どちらも似ていて紛らわしいのでちゃんと覚えましょう。

P17の練習の答え　明天不行，改天吧．　Míngtiān bùxíng, gǎitiān ba.

応用センテンス

A ウェイ, ニー シエンヅァイ ヅァイ ナール
喂, 你 现在 在 哪儿?
Wéi, nǐ xiànzài zài nǎr?
（もしもし，今どこにいるの？）

B ウォー ガン ダオ チャーチャン
我 刚 到 车站.
Wǒ gāng dào chēzhàn.
（今駅に着いたところ）

解説

携帯電話は「手の機械」と書いて "手机" shǒujī。中国でも普及率が高くなっています。"喂"wéiは「もしもし」，"刚" gāng（〜したところ、たったいま），"车站" chēzhàn（駅）。

練習　言ってみよう!

駅はどこですか。

答えはP20

Mao's collection

结婚 jiéhūn

お嫁さんは "新娘" xīnniángといい，お婿さんは "新郎" xīnlángと言う。こういうリボンをつければ一目瞭然だ。都市部で華やかな "婚纱" hūnshā（ウエディングドレス）をまとっての結婚式ではこんなリボンは要らない。地方などで質素にやるときにつけるものだろう（写真は部隊で式をあげているところ，"交杯酒" jiāobēijiǔといい，腕を交差させて二人が酒を飲む）。"来宾"láibīnは「来賓」である。"工作人员" gōngzuò rényuánは「スタッフ」のこと。何処かの国のスパイではない。結婚式には写真のような真っ赤なご祝儀袋にお金を入れてくる。これは日本のご祝儀袋をまねたものだ。中国の結婚式はあくまで赤がシンボルカラー。真っ赤なウエディングドレスもある。

8

CD
008

これいくらですか。

ヂェイゴ　ドゥオシャオ　チエン

这个 多少 钱?

Zhèige　duōshao　qián?

 Point 中国のお金

中国のマーケットやお土産屋さんは，まだまだ値段表示がいいかげんなところがあります。中国グッズを安く手に入れたいなら，これを覚えなきゃ始まりません！

ポイントはお目当てのものを "这个" zhèige（これ）と指差して "多少钱?" duōshao qián?（いくらですか）とたずねること。単語がわからなくても通じるので，とっても簡単。"多少" は「いくら」，数をたずねる疑問詞です。

日本のお金は単位が「円」だけですが，中国では三つあります。しかも話し言葉と書き言葉では違うのでちょっと厄介。「人民元」と言うように "元" yuánが基本単位で，1元は10角，1角は10分です。

話し言葉	書き言葉
块 kuài	元 yuán
毛 máo	角 jiǎo
分 fēn	分 fēn

P19の練習の答え　车站在哪儿?　Chēzhàn zài nǎr?

おみやげやさんで "这个多少钱?" とたずねてみよう。

パンダのチョコレート
アルシウー　クアイ
二十五 块.
èrshíwǔ　kuài.

絵葉書
シー　クアイ
十块.
shí　kuài.

ウーロン茶
イー　バイ　サン（シー）　　イー　チン
一百三(十)，一斤.
yìbǎi　sān(shí)　　yì　jīn.

チャイナドレス
ウー　バイ　スー　（シー）
五百四(十).
wǔbǎi　sì(shí).

解説

"一斤" は「500グラム」。金額を言って，あとに "一斤" を付け加えると，"一斤" あたりの値段になります。"一百三十，一斤" なら「500ｇあたり130元」。また，3桁以上のまとまった数では，最後の位が省略可能です。（　）内の "十" が省略できます。

練習　言ってみよう!

全部でいくらですか。
＊"一共"yígòng（全部で）
を使って。

答えはP22

Mao's collection

信筒 xìntǒng, 邮筒 yóutǒng

郵便ポストは "信筒" という。街角にあるポストである。これは "邮筒" とも言う。"筒" tǒngと言うぐらいだから丸いのが本来の形だが，今はこのように四角いものが多い。色は緑が基本である。速達用の赤いポストもあるが，中国の郵便のシンボルカラーは緑で，郵便配達員 "邮递员" yóudìyuánも緑の制服を着て緑の自転車に乗って配達している。

9 何歳ですか。

你多大了?

ニー ドゥオ ダー ラ
你 多 大 了?
Nǐ duō dà le?

Point 相手の年齢を考慮して

日本語の「何歳ですか」という表現は，基本的に誰に対しても使えますが，中国語の"多大了?" duō dà le? は目上のものが目下の人にたずねるときに使う表現。先生が生徒に対して"你多大了?"はいいけど，反対は失礼になるので気をつけましょう。同年代の友人にはOK。年上の人に対しては"年纪" niánjì を加えて"你多大年纪了?" nǐ duō dà niánjì le? または，"岁数" suìshu を加えて"您多大岁数了?" nín duō dà suìshu le? と聞きます。「何歳ですか」と聞くときには，相手の年齢を考慮してから言葉を選ぶようにしましょう。

注意! 「何歳ですか」は他にも言い方があります。10歳以下の子供に聞く場合は，"几" jǐ を使って"你几岁了?" nǐ jǐ suì le?。"几"は10以下の数をたずねる疑問詞です。老人に対しては"您高寿了?" nín gāoshòu le?。"高寿" gāoshòu には「長生き，長寿」という意味があります。

P21の練習の答え 一共多少钱? Yígòng duōshao qián?

応用センテンス

シャオポンイオウ, ニー チー スイ ラ
小朋友，你几岁了?
Xiǎopéngyǒu, nǐ jǐ suì le?
（お嬢ちゃん，いくつ？）
★"小朋友" は子どもに対する呼びかけで「お嬢ちゃん，お坊ちゃん」。

ニー バーバ チンニエン ドゥオ ダー スイシュー ラ
你 爸爸 今年 多 大 岁数 了?
Nǐ bàba jīnnián duō dà suìshu le?
（お父さんは今年おいくつですか）

解説
友人に年齢を聞くなら "你今年多大了?" でいいですが，友人のお父さんの年齢を聞くなら，"多大岁数了?" を使いましょう。誰に聞くかではなく，誰の年齢を問うかが重要です。

練習 言ってみよう!

あなたの子ども何歳?

答えはP24

Mao's collection

请讲普通话 qǐng jiǎng pǔtōnghuà

中国でこういうプレートを見つけるとついつい欲しくなる。教師なら廊下とか学生控え室にでも貼っておこうかと思う。次の"请节约用电" qǐng jiéyuē yòng diàn もいい。"节约用电" jiéyuē yòng diànと「電気を節約する」ではなく「電気を使うのを節約する」とする。動詞 "用" yòngが入る。次の "使用后请冲水" shǐyòng hòu qǐng chōng shuǐ（使用した後、流す）はまさかトイレに貼るわけにはいかないだろうなあ。"冲" chōngの一字がうまい。非常口になら最後の "疏散方向" shūsàn fāngxiàngである。これは "太平门" tàipíngménとも言う。

请讲普通话
QING JIANG PU TONG HUO

请节约用电
QING JIE YUE YONG DIAN

使用后请冲水

疏散方向
EXIT

10

どのくらいかかりますか。

要多长时间?

ウォー ヤオ チュィ チーチャん.
我 要 去 机场.（空港までお願いします）
Wǒ yào qù jīchǎng.

ヤオ ドゥオ チゃん シーヂエン
要多长时间?
yào duō cháng shíjiān?

Point タクシーに乗ろう！

中国のタクシーは市民の足。台数も多く，初乗りが10元（2005年現在，北京）と安価なので，これを乗りこなせば行動範囲がぐっと広がります。まず "我要去○○" と○○に場所の名前を入れ，行き先をしっかりと告げましょう。時間のおおよその目安を聞くには "要多长时间？"。"要"yàoは「要る，かかる」。"多长" duō cháng（どのくらい長い）＋ "时间" shíjiān（時間）で「どのくらい長い時間」という疑問フレーズになります。

注意! 「～時間」と言うときは "小时" xiǎoshí，「～分」は "分钟"fēnzhōngを使います。「2時間40分」は "两个小时四十分钟" liǎng ge xiǎoshí sìshí fēnzhōng.，「1時間半」は "一个半小时" yí ge bàn xiǎoshí.。

P23の練習の答え　你的孩子几岁了？　Nǐ de háizi jǐ suì le?

24

A 从 北京 到 上海 要 多 长 时间?

ツォン ベイチん ダオ シャンハイ ヤオ ドゥオ チゃん シーヂエン

Cóng Běijīng dào Shànghǎi yào duō cháng shíjiān?

（北京から上海までどのくらいかかりますか？）

B 坐 飞 机 大概 要 两 个 小时.

ヅォ フェイヂー ダーガイ ヤオ リアん ゴ シァオシー

Zuò fēijī dàgài yào liǎng ge xiǎoshí.

（飛行機で大体二時間かかります）

解説

"从○○到××" cóng○○dào××
は「○○から××まで」。○○, ×
×には場所を表す名詞が入りま
す。"坐" zuòは「乗る」，"飞机"
fēijīは「飛行機」。

練習 言ってみよう！

北京から東京まで飛行機で大
体三時間半かかります。

答えはP26

Mao's collection

盒子 hézi

なぜか箱ものに惹かれていた一時期があり，このよ
うないろいろな小さな容れ物を求めた。わが書斎の
戸棚にはこういうものが数十個ころがっている。銅
製の小箱にはたいてい詩が彫ってあったり，絵が施
してある。赤い堆朱のものもあるし，古い陶片を蓋
にはめ込んだ小物入れもある。小姐の指輪入れだっ
たか，あるいは君子の薬入れだったか。一番手前の
ものは墨が入っていて硯がわりに使ったものらし
い。戸棚の前を通りかかり，ふと目にするとなぜか
手が伸びる。一つひとついじり回していると、いつ
も半時ほど過ぎてしまう。いまだ誘惑力をもった小
物たちだ。

11

CD
011

いつ時間がありますか。

你什么时候有空?

ニー　シェンマ　シーホウ　イオウ　コン
你 什么 时候 有 空?
Nǐ　shénme　shíhou　yǒu　kòng?

 「なに」+「とき」=「いつ」

"什么" は「なに」という疑問詞でした。その "什么" shénme に "时候" shíhou（とき）を足すと "什么时候"（いつ）という疑問フレーズのできあがり。"什么时候○○" の形で○○に動詞フレーズを入れて「いつ○○しますか」と聞くことができます。"有空" yǒu kòng（時間がある，暇がある）を入れて "什么时候有空?"（いつひまがありますか），"见面" jiànmiàn（会う）を入れて，"我们什么时候见面?" wǒmen shénme shíhou jiànmiàn?（いつ会う?）。どんどん活用してアポイントを取ろう!

 中国語の曜日の言い方は次のようになります。

星期一 xīngqīyī （月曜日）
星期二 xīngqī'èr （火曜日）
星期三 xīngqīsān （水曜日）
星期四 xīngqīsì （木曜日）
星期五 xīngqīwǔ （金曜日）
星期六 xīngqīliù （土曜日）
星期天 xīngqītiān （日曜日）
上星期 shàngxīngqī （先週）
这个星期 zhèige xīngqī
　　　　　　　　　（今週）
下星期 xiàxīngqī （来週）

26

P23の練習の答え　从北京到东京坐飞机大概要三个半小时.
Cóng Běijīng dào Dōngjīng zuò fēijī dàgài yào sān ge bàn xiǎoshí.

応用センテンス

結婚予定のカップルに "什么时候" を使って聞いてみよう。

ニーメン　シェンマ　シーホウ　チュイシん　フンリー
你们 什么 时候 举行 婚礼?
Nǐmen　shénme　shíhou　jǔxíng　hūnlǐ?
（結婚式はいつ？）

ニーメン　シェンマ　シーホウ　チュイ　ドゥー　ミーユエ
你们 什么 时候 去 度 蜜月?
Nǐmen　shénme　shíhou　qù　dù　mìyuè?
（いつ新婚旅行に行くの？）

★"举行" jǔxíng（行う），"婚礼" hūnlǐ（結婚式），"度蜜月" dù mìyuè（ハネムーンを過ごす）。

ター　シェンマ　シーホウ　チュイ チューチャイ
他 什么 时候 去 出差?
Tā　shénme　shíhou　qù　chūchāi?
（彼はいつ出張に行くの？）

ニー　シェンマ　シーホウ　ホイ　グオ
你什么 时候 回国?
Nǐmen shénme　shíhou　huíguó?
（いつ帰国するの？）

★"回国" huíguó（帰国する）
"去出差" qù chūchāi（出張に行く）。

練習 言ってみよう!

いつ日本に行くの？

答えはP28

Mao's collection

烟盒 yānhé　烟灰缸 yānhuīgāng

シガレットケースは "烟盒" という。これは高級タバコの「中華」というブランドだ。となりの人の形をした奇妙なものは灰皿である。中国語では "烟灰缸" という。これも中国で買った。わたしはタバコは吸わないが，こういうものには手が伸びる。

何時に出発ですか。

几点出发?

チー ディエン チューファー

几 点 出 发?

Jǐ diǎn chūfā?

Point しっかり確認

時間の聞き間違いや確認ミスで，分刻みの旅行スケジュール
をだいなしにしないように，時間表現はしっかりと覚えたい
もの。「何時？」は疑問詞 "几" jǐ（いくつ，いくら）を使っ
て "几点?" jǐ diǎn。"几点○○?" の形で，○○にはいろんな
動詞フレーズを入れて「何時に○○しますか」とたずねるこ
とができます。たとえば "开门／关门" kāimén ／ guānmén
（開店／閉店）を入れて "这个商店几点开门／关门?" zhèige
shāngdiàn jǐ diǎn kāimén ／ guānmén?（この店は何時
に開店／閉店しますか）。デートの約束には "见面" jiànmiàn
（会う）を入れた "我们几点见面?" wǒmen jǐ diǎn jiànmiàn?
（何時に会いますか）が使えます！

注意! 中国語の時
刻の言い方
は "○点×分"。○と
×に数字を入れ "五
点十分" wǔ diǎn shí
fēn "两点半" liǎng
diǎn bàn のように言
います。「2時」は "两"
liǎng を使って "两
点" liǎng diǎn と言
うことに注意！

P27の練習の答え　你什么时候去日本?　Nǐ shénme shíhou qù Rìběn?

応用センテンス

「何時に○○しますか」と、いろいろ問い合わせてみましょう。

＜ホテルで＞

チー ディエン トゥイ ファン

几点退房?

Jǐ diǎn tuì fáng?

（何時にチェックアウトですか）

ツァオファン チー ディエン カイシー

早饭几点开始?

Zǎofàn jǐ diǎn kāishǐ?

（朝食は何時に始まりますか）

★"退房" tuì fáng「チェックアウト」, "早饭" zǎofàn「朝食」, "开始" kāishǐ「始まる」。

＜劇場で＞

チー ディエン カイイエン

几点开演?

Jǐ diǎn kāiyǎn?

（何時開演ですか）

チー ディエン チエシュー

几点结束?

Jǐ diǎn jiéshù?

（何時終了ですか）

★"开演" kāiyǎn「開演する」, "结束" jiéshù「終了する」。

明日何時に集合ですか？

答えはP30

Mao's collection

锁 suǒ

香港の骨董街で買った「鍵」である。"锁"という。形が面白い。お尻のところから突き出ているのがキー（"钥匙"yàoshiという）である。手のひら大ぐらいの大きさでヒマなときに開けたり閉めたりして楽しむ。

13

CD 013

他になにか要りますか。

还要别的吗?

ハイ　ヤオ　ビエダ　マ

还 要 别的 吗?

Hái yào biéde ma?

 返事は "不要了"

中国で買い物をすると最後に必ず耳にする店員さんの決まり文句。こちらの注文が一通り終わるとこう聞かれます。日本なら「以上でよろしいですか？」と聞かれるところですが中国では「他に何かいるか？」となります。返事は "不要了" bú yào le, "不用了" bú yòng le（いりません）, その後に "就这些" jiù zhèxiē（これでいいです）をつけ加えることもあります。"别的" biéde は「ほかの（もの）」, 後に名詞を補うとすれば "别的东西" biéde dōngxi です。

注意! "不要了"bú yào le, "不用了" bú yòng le とともに "文末に "了"le があります。これまで買い物をしてきてこれ以上はいらないと言うときには "了" が必要です。まだ何も買ってなくて要らないというときには "不要" に "了" をつけません。

P29の練習の答え 我们明天几点集合？ Wǒmen míngtiān jǐ diǎn jíhé?

30

応用センテンス

ハイ ヤオ ビエダ ドンシ マ
还要别的东西吗?
Hái yào biéde dōngxi ma?
（他に欲しいものがありますか）

ハイ ヤオ ビエ ダ シュー マ
还要别的书吗?
Hái yào biéde shū ma?
（他に欲しい本がありますか）

ハイ ヤオ ビエ ダ ツァイ マ
还要别的菜吗?
Hái yào biéde cài ma?
（他に欲しい料理がありますか）

解説
"别的" biédeのあとにこのように名詞が続いても可。"菜" càiは「料理」。

練習　言ってみよう！

次の会話を言ってみよう。
店員：ほかに欲しいお菓子がありますか？
お客：いいえ。

答えはP32

Mao's collection

MP3

MP3で中国の小説をばんばん聞こう。まるごと１冊の小説がMP3の形で売り出されている。デジタルプレヤーに入れてどこでも聞ける。これは最近聞いた余華の２作品《活着》Huózheと《许三观卖血记》Xǔ Sānguān màixiějìだ。おすすめは刑事ものを得意とする海岩の作品。美男美女が登場して殺人事件が起こる。面白くないはずがない。中でも《玉观音》Yùguānyīnは良かった。映画より小説が絶対いい。

14

CD 014

どなたにご用ですか。

您找谁?

ニン　チャオ　シェイ
您 找 谁?

Nín　zhǎo　shéi?

Point 「何の用」より「誰に用」

電話を受けたときや，誰かが職場に訪ねてきたときなどに使います。職場に人が訪ねてきたとき，日本語なら「どんなご用ですか」と用件をたずねますが，中国語では「どなたにご用ですか」と誰に用があるのかをたずねます。門番や守衛さんもこうたずねます。中国は人と人との関係が大事なのです。しかし，カウンターなど用事を承る場所では，何らかの用事で来たことが明らかですから "你有什么事儿？" nǐ yǒu shénme shìr?（どういうご用件でしょうか？）となります。

注意! 同じ電話でも "总机" zǒngjī（交換台）では "您要哪儿？" nín yào nǎr?（どちらにご用ですか）と，内線番号や部署をたずねるのが普通です。そして具体的な部署に電話がまわされれば今度は "您找谁？" nín zhǎo shéi? となります。つまり周りに目指す人がいる場合ですね。

P31の練習の答え
店員：还要别的点心吗？　Hái yào biéde diǎnxīn ma?
お客：不要了　Bú yào le.

応用センテンス

Ⓐ ウェイ, シー レンシー チュー マ
喂, 是 人事处 吗?
Wéi, shì rénshìchù ma?
（もしもし，人事部ですか？）

Ⓑ ドゥイ, ニン チャオ シェイ
对, 您 找 谁?
Duì, nín zhǎo shéi?
（はい，どなたにご用ですか？）

Ⓐ ウォ チャオ リー ブーチャン
我 找 李 部长.
Wǒ zhǎo Lǐ bùzhǎng.
（李部長をお願いします）

解説

"喂"は「もしもし」にあたります。本来の発音は"wèi"と第4声ですが，電話ではよく"wéi"と第2声で発音されます。

練習 言ってみよう！

A：中文科ですか？
B：はい、どなたにご用ですか？
A：王先生をお願いします。

答えはP34

Mao's collection

鼻烟壶 bíyānhú

嗅ぎタバコ用の壷。マテオリッチが伝来したものといい，400年の歴史がある。"内画" nèihuàといって，透明な容器の内側に細い筆で絵を描く。数十元から高いものは数万元もする。いまはもっぱら観賞用，愛玩用になっているが，この嗅ぎタバコなら煙は出ないから，嫌煙権がうるさい昨今，嗅ぎタバコが復活するかもしれない。そうしたら男たちは思い思いの意匠を凝らした"鼻烟壶"を手に，互いに見せあい自慢しあうのである。風流にして平和である。

一緒にコンサートに行かない？

我们一起去听
音乐会，好不好?

ウオメン　イーチー　チュィティん　インユエホイ　　ハオ　ブ　ハオ
我们一起去听音乐会, 好不好?

Wǒmen　yìqǐ　qù　tīng　yīnyuèhuì,　hǎobuhǎo?

Point ご都合はいかが？

"我们一起去听音乐会" wǒmen yìqǐ qù tīng yīnyuèhuì
「わたしたち一緒にコンサートに行く」と言った後に "好
不好?" hǎobuhǎo?（いいですか？）を添えると、「一緒
に行かない？」という誘いの表現として使えます。"好不
好?" の部分は相手の都合がいいかどうか尋ねています。
誘って都合を聞くとき以外にも "便宜点儿，好不好?"
piányi diǎnr, hǎobuhǎo?（ちょっと安くしてもらってい
いですか）のように頼みごとをするときにも使えます。"便
宜点儿" piányi diǎnr「ちょっと安くする」と言ったあと"好
不好" を添えます。

注意! " 好 不 好 "
hǎobuhǎo は
肯定の形 "好" と否定
の形 "不好" を重ねた
疑問文ですが、"吗"
を使った疑問文 "好吗"
hǎo ma も同じように
使えます。"我们一起
去听音乐会，好吗?"
Wǒmen yìqǐ qù tīng
yīnyuèhuì, hǎo ma?
となります。

P33の練習の答え

A：喂，是中文系吗？　Wéi, shì Zhōngwénxì ma?（中文科ですか？）
B：对，您找谁？　Nín zhǎo shéi?（はい、どなたにご用ですか）
A：我找王老师。　Wǒ zhǎo Wáng lǎoshī.（王先生をお願いします）

応用センテンス

ウォーメン　イーチー　チュィ カンディエンイん　　ハオ　ブ　ハオ
我们一起去看电影，好不好?

Wǒmen　yìqǐ　qù　kàn　diànyǐng,　　hǎobuhǎo?

（一緒に映画に行かない？）

★"看电影" kàn diànyǐngは「映画を見る」。

ウォーメン　イーチー　チュィチャん　カーラーオーケィ　　ハオ　ブ　ハオ
我们一起去唱卡拉OK，好不好?

Wǒmen　yìqǐ　qù　chàng　kǎlāOK,　　hǎobuhǎo?

（一緒にカラオケに行かない？）

★"唱卡拉OK" chàng kǎlāOKは「カラオケを歌う」です。

ウォーメン　イーチー　チュィ カン ホアヂャん
我们一起去看画展，

Wǒmen　yìqǐ　qù　kàn　huàzhǎn,

ハオ　ブ　ハオ
好不好?

hǎobuhǎo?

（一緒に絵の展覧会に行かない？）

★"画展"huàzhǎnは展覧会。ここでも動詞の"看"を忘れないで。

答えはP36

練習　言ってみよう!

一緒にご飯を食べに行かない？

これぞ定番！

Part 1

Mao's collection

海报 hǎibào

いずれも古めかしい "海报"（ポスター）だ。左上のは強力殺虫液の「アース」。私ぐらいの年だと女性が手にしている噴霧器には見覚えがある。次は "啤酒" píjiǔ の宣伝。次は "香烟" xiāngyān（タバコ）である。最後のブランコの女性は靴の宣伝ポスターのようだ。何の宣伝であれ同じようなタイプの婦人であるのが面白い。

なにかあったらいらっしゃい。

有事儿找我.

イオウ　シール　チャオ ウォー
有事儿找我.
Yǒu　shìr　zhǎo　wǒ.

Point 「さがす」のは用事のあるとき

"找" zhǎoは「さがす」という意味。直訳すると「何かあったら私をさがせ」,つまり何かあったら私を訪ねていらっしゃい,ということです。この意味するところは「私はあなたのお役に立ちましょう,私にまかせなさい」という感じです。"找" は単に会いたくて会いに行くのではなく,用事があって訪ねるという場合に使います。"我明天去找你" wǒ míngtiān qù zhǎo nǐ(明日あなたを訪ねてゆきます)と言われたら,おしゃべりや遊びに来るのではなく,用事があって来るということです。

注意！ 表敬訪問や正式に目上の人を訪ねるといった場合には "找" は使えません。そのような場合は "访问" fǎngwènや "拜访" bàifǎng などを使います。

P35の練習の答え　我们一起去吃饭,好不好？　Wǒmen yìqǐ qù chīfàn,hǎobuhǎo?

これぞ定番！

応用センテンス

到了 北京 来 找 我.
ダオラ　ベイヂん　ライ　ヂャオ　ウォー
Dàole Běijīng lái zhǎo wǒ.
（北京にきたら私のところにいらっしゃい）
★北京に来たら一緒に遊ぼうということよりも，何か不便なことがあったら手伝ってあげるから頼りにしてという意味です。

有 问题 来 找 我.
イオウ　ウェンティー　ライ　ヂャオ　ウォー
Yǒu wèntí lái zhǎo wǒ.
（問題があったらいらっしゃい）

解説

"有问题" yǒu wèntíは先生がこう言えば「何か質問があれば」という意味にもなります。

練習 言ってみよう！

中国人の友達が東京にやってきます。安心して来られるように「東京にきたら私のところにいらっしゃい」と言いましょう。

答えはP38

Mao's collection

电话卡 diànhuàkǎ

テレフォンカードである。といっても公衆電話などで使うものではなく，普通の電話からかけることのできる暗証番号つきのものだ。私も中国でやむなく使ったことがある。学生寮などに滞在するときはこれが必要だ。いろいろな図柄のものがある。"纪念老舍诞辰一百周年" jìniàn Lǎo Shě dànchén yìbǎi zhōunián（老舍生誕百周年記念）というのは何となく捨てがたく今日まで持っている。それから "孙悟空" Sūn Wùkōng のも味がある。子供が "打电话" dǎ diànhuà している表紙の "本子" běnziはごくありふれたノートなのだが，これもノスタルジックな雰囲気に惹かれて買った。

17

CD
017

まあこんなとこだね。

差不多了.

チャーブドゥオ　ラ
差不多了.
Chàduō le.
（Chàbuduō le.）

Point まあ、だいたい

ぼかした言い方なので，それぞれの状況によって意味が変わります。出かけるときなどに時計を見ながら言えば「そろそろ時間だ」，"做完了吗？" zuòwán le ma?（やり終わった？）と聞かれて答えれば「だいたい終わった」という意味になります。また"写得差不多了"xiěde chàbuduō le（だいたい書き終わった），"买得差不多了" mǎide chàbuduō le（だいたい買い終わった）のように補語として使うこともできます。あいまい表現の意味をつかむには状況把握が肝心。こんなぼかし表現が使えるようになれば中国語らしさがぐっとアップすること間違いなし。チャンスを見つけて言ってみよう！

注意! "差不多"chàbuduō の形もよく使います。直訳すると「差が多くない」ですが「だいたい同じ、ほとんど同じ」という意味です。"年龄和我差不多"niánlíng hé wǒ chàbuduō は「年齢が私とだいたい同じ」となります。"差不多了"chàbuduō leはこれに"了"leが加わっているので「だいたい同じという状態になった」ということです。

P37の練習の答え　到了东京来找我. Dàole Dōngjīng lái zhǎo wǒ.

38

応用センテンス

ツォイエ　ツォ　ワン　ラ　マ

Ⓐ 作业 做完 了 吗?

Zuòyè　　zuòwán　le　ma?

（宿題はやり終わった？）

チャーブドゥオ　ラ

Ⓑ 差不多了. （まあ、だいたい）

Chàbuduō　　le.

解説

"作业" zuòyè は「宿題」、"做"
zuòは「する」、"完" wánは「終
わる」"做完" zuòwánで「やり
終わる」です。「手紙書き終わっ
た？」と言いたいなら、"信写完
了吗？" Xìn xiěwán le ma?とな
ります。"信" が話題として最初
にきます。

練習　言ってみよう！

だいたい読み終わった。

答えはP40

Mao's collection

印章盒 yìnzhānghé

ハンコを入れておく小箱である。手前のものは判子屋
さんでたいていサービスでつけてくれるものだ。次の
は頭が大きく、足の方が小さい。これは "棺材"
guāncai（棺桶）にかたどっている。蓋のところに "陞
官發財" shēngguān fācáiと繁体字で書いてある。簡
体字なら "升官发财" shēngguān fācái「出世し金持
ちになる」意味だ。これが "升官发财"＝"官财"
guāncáiつまり "棺材" とかけている。それにしても
棺桶とは，縁起がよいのか悪いのか。その後にひっそ
りと静まり返っているのは紫檀の判子入れ。こちらが
正統派である。日本と違い，中国のハンコは四角のも
のが多くハンコ入れもこのように長方形が普通だ。

18

CD 018

お酒は飲めません。

ウォー ブー ホイ ホー ジウ
我 不 会 喝 酒 .
Wǒ bú huì hē jiǔ.

Point 修行が足らない？

この「お酒が飲めない」というのは、車に乗ってきたからとか、今日は体調が悪いからということではなく、私は不調法で飲めませんということです。"会" huì（できる）は練習や勉強してできるようになることに使います。「中国語が話せる」や「水泳ができる」などは "会" を使って "我会说汉语" wǒ huì shuō Hànyǔ，"我会游泳" wǒ huì yóuyǒngと言います。そして「お酒が飲める」や「タバコが吸える」と言うときにも "会" を使います。こういうのも練習してできるようになることの仲間に入れられているわけです。そのため "我不会喝酒" Wǒ bú huì hē jiǔには「修練が足らなくて」、「不調法で」といったニュアンスがあるのです。

注意! "会" は上手でなくても一応できるというレベルなら使えます。そんなに長くは泳げなくても泳げるなら "我会游泳" と言えます。できるという前提にたって、さてどのぐらいできるのかというレベルを問題にするときは "能" を使います。「1000メートル泳げる」と言うのであれば "我能游一千米" wǒ néng yóu yìqiān mǐ です。

P39の練習の答え 看得差不多了. Kànde chàbuduō le.

40

ウォー ブー ホイ カイ チャー
我 不 会 开车.
Wǒ bú huì kāichē.
（わたしは車の運転ができません）

ウォー ブー ホイ ホアシュエ
我 不 会 滑雪.
Wǒ bú huì huáxuě.
（わたしはスキーができません）

ウォー ブー ホイ シュオー ファーユィ
我 不 会 说 法语.
Wǒ bú huì shuō Fǎyǔ.
（わたしはフランス語が話せません）

解説

"会" のあとには "开"（運転する）, "滑"（滑る）, "说"（話す）のように, 普通動詞が続きます。ただし "法语" や "汉语" の場合は "说" を省略して, "会法语", "会汉语" ということがあります。

タバコは吸えません。

答えはP42

Mao's collection

櫻桃小丸子 Yīngtáo Xiǎowánzǐ

日本の漫画は中国でも人気がある。"机器猫" Jīqìmāoは直訳すれば「ロボット猫」だ。最近は音訳で "哆啦A梦" Duōlā'āimèngというのも目にする。"名侦探柯南" Míngzhēntàn Kēnánは「名探偵コナン」である。「ちびまる子ちゃん」は "櫻桃小丸子" という。こういうアニメが中国人に受け入れられるということは, 「ちびまる子ちゃん」独特の, わけのわからぬユーモア, とくに意義や主張があるわけではないほのぼのさが受容されているということだ。中国におけるこの感性の変貌は大きい。

19

CD 019

はじめまして。

初次见面.

チューツーチエンミエン　　　チン　ドゥオ　グァンヂャオ

初次见面， 请多关照.

Chūcì　　　jiànmiàn,　　　qǐng　duō　guānzhào.

 初めてお会いします

直訳すると「初めてお会いします」，"初次"chūcìは「初回、初めて」です。初対面のあいさつでよく使います。このまま覚えましょう。"初次见面，请多关照" chūcì jiànmiàn, qǐng duō guānzhàoのように、"请多关照" qǐng duō guānzhào（よろしくお願いします）を後に続けることが多いです。もともと中国では使われていなかったあいさつで、日本語の「はじめまして，どうぞよろしく」を翻訳して作った表現だと言われています。初めて人に会ったとき，自己紹介の場面で日本人ならやっぱり言いたいセリフです。ちゃんと意味は通じますし、きちんとした印象を与える表現なのでどんどん使ってみましょう。

注意! "请多关照" qǐng duō guānzhàoの"关照" guānzhàoは「面倒をみる、世話をする」、「どうぞたくさん面倒をみてやってください」という意味です。他にも"请您多关照" qǐng nín duō guānzhàoと"您" nín（あなた）を加えた形や"请多多关照" qǐng duōduō guānzhàoと"多" duōを重ねた形などのバリエーションがあります。

P41の練習の答え　我不会抽烟. Wǒ bú huì chōuyān.

42

応用センテンス

チューツー チエン ミエン　チん ドゥオチーヂャオ
初次见面，请多指教.
Chūcì jiànmiàn, qǐng duō zhǐjiào.
（はじめまして，よろしくご指導ください）

チューツー チエン ミエン
初次见面，
Chūcì jiànmiàn,
チん ダーヂア ドゥオドゥオヂャオグー
请大家多多照顾.
qǐng dàjiā duōduō zhàogu.
（はじめまして，みなさんどうぞよろしくお願いします）

解説

“指教” zhǐjiào「指導する」。“请” qǐng の後ろに “大家” dàjiā（みなさん）を入れた形もあります。“照顾” も「面倒を見る、世話をする」という意味です。

練習 言ってみよう!

私は～といいます。はじめまして，どうぞよろしく。

答えはP44

Mao's collection

木刻人 mùkèrén

これは個人の家や寺などを取り壊したときに出てくる木で彫った人や馬である。昔の由緒ある家にはこういう装飾が施されていることが多い。木の透かし彫りである。家を取り壊した廃材の中から，このように一部を切り取って骨董品店などに出てくる。10年ぐらい前だと，値段も10元とか15元ぐらいだった。もっと保存が良く，人や女官がたくさん彫られた大きな板もあったが，私はこういう小さいのに手が伸びた。本棚の本の前においたりして楽しめる。

こんにちは！

你好！

ニー ハオ
你好!
Nǐ hǎo!

 とにかく万能のあいさつ言葉！

時間に関係なく一日中使えます。これ一言で「おはよう」「こんにちは」「こんばんは」になる便利な言葉です。いつでも使えるだけではなく応用も利きます。相手が複数なら "你" nǐ の部分を "你们" nǐmen（あなたたち）に，目上の人に敬意を表したいなら "您" nín に換えると "你们好" nǐmen hao，"您好" nín hǎo となります。いつも "你好" ばかりではなくバリエーションも使ってみよう！

注意! "你好" は初対面の挨拶などではよく使いますが，親しい間柄ではあまり使いません。家族の中で，友達同士で言うにはちょっとよそゆき過ぎます。親しい人同士では，固定した言い方ではなくその場に合った表現が使われます。食事時なら "吃了吗？" chīle ma（ごはん食べた？），出かけていくところに出会ったら "上哪儿去？" shàng nǎr qù?（どこに行くの？），相手が仕事帰りだったら "下班了！" xiàbān le!（仕事から帰ってきたね）など，すんなり使えるようになればぐっと親しさがアップします。

P43の練習の答え　我叫○○．初次见面，请多关照．Wǒ jiào ○○. Chūcì jiànmiàn, qǐng duō guānzhào.
（○○には自分の名前を入れます）

これぞ定番！

応用センテンス

ツァオシャン ハオ
早上 好！
Zǎoshang hǎo!
（おはよう）

ワンシャン ハオ
晚上 好！
Wǎnshang hǎo!
（こんばんは）

シンニエン ハオ
新年 好！
Xīnnián hǎo!
（新年おめでとう）

解説

あいさつする相手に合わせたバリエーションだけではなく、時間に合わせたパターンもあります。"早上"（朝）を使うと「おはよう」、"晚上"（夜）を使うと「こんばんは」、"新年"を使うと「新年おめでとう」にもなります。

練習 言ってみよう！

先生こんにちは。

答えはP46

Mao's collection

年画 niánhuà

"年画"は正月に飾る縁起の良い絵である。いろいろな絵柄があるが，これは最近の年画コンクールの入選作品だ。6人の人物は「建国の元勲」と名付けられているが，いうまでもなく"毛泽东" Máo Zédōng，"周恩来" Zhōu Ēnlái，"刘少奇" Liú Shàoqí，"朱德" Zhū Dé の4人と手前の小柄な人物が"邓小平" Dèng Xiǎopíng，そして一番左奥の男性が"陈云" Chén Yún である。もう1枚は中国人のイメージする典型的な正月風景。幸せの形があますところなく描かれている。

21

CD
021

バイバイ。

拜拜！

バイバイ
拜拜！
Báibái!

 気軽に「バイバイ」

英語の "bye-bye" の音訳，外来語です。**"再见！"** zàijiàn（また会いましょう→さようなら）よりも気軽で明るい雰囲気で，親しい人同士で使います。外来語特有のカラリと明るい感じがあります。子供や若者だけではなく，ちゃんとした大人もおじさん，おばさんも使っています。電話を切るときなど，今度 **"拜拜！"** と言ってみたらどうでしょう。また，**"我和他已经"拜拜"了"** wǒ hé tā yǐjing báibái le（彼とはもうバイバイした→別れた）のように，男女の別れの意味になることもあります。この場合 **"拜拜"** を **"再见"** に換えることはできません。

 "拜" は本来 bàì と第4声ですが **"拜拜！"** のときには Báibái! と第2声に近い発音になります。しかも第2音節のところの á もハッキリと発音し，軽声にはなりませんのでご注意！

P45の練習の答え　老师好！　Lǎoshī hǎo!

応用センテンス

ナーマ　バイバイ　バ
那么，拜拜吧！

Nàme, báibái ba!

（じゃあ，バイバイ）

★"那么" nàmeは「それなら，じゃあ」。

シンチーイー　チエン　バイバイ
星期一见！拜拜！

Xīngqīyī jiàn! Báibái!

（月曜日にまた，バイバイ）

★"星期一" xīngqīyīは「月曜日」，"星期一见" xīngqīyī jiànで「月曜日にまた会いましょう」。

ホウライ　ウォーメン
后来我们

Hòulái wǒmen

バイバイ　ラ
"拜拜"了。

Báibái le.

（そのあとわたしたち別れたわ）

★ここはもちろん「男女の別れ」をあらわします。

バイバイ，また明日！

答えはP48

Mao's collection

门票 ménpiào

入場券である。"门" ménを入るときに要る "票" piàoだから "门票" だ。"票" とは四角いチケットだ。"车票" chēpiàoは「乗車券」，"机票" jīpiàoは「航空券」，"月票" yuèpiàoは「定期券」，"邮票" yóupiàoなら「切手」だ。"股票" gǔpiào と言えば「株券」だ。中国語の単語はこういうふうに覚えるとよい。後の "票" で整理するわけで「逆引き単語帳」の発想だ。これは『講談社　中日辞典（第二版）』によった。写真にある "存根" cúngēnとは「控え」のこと。ビリリと破いて発行すると，根っこのところが控えとして残る。言い得て妙である。

22

CD 022

お名前は？

您贵姓?

ニン グイシン
您 贵 姓?
Nín guìxìng?

 丁寧なきき方

丁寧に名前をたずねる言い方です。初対面の人，目上の人にも使えます。"贵姓" guìxìngは名詞で「お名前，ご芳名」，「あなたのご芳名は？」という感じです。"姓" xìngと名字を尋ねていますが，答えるときには"我姓田中" wǒ xìng Tiánzhōng（田中といいます）のように名字だけ答えることも，"我姓田中，叫田中洋子" wǒ xìng Tiánzhōng, jiào Tiánzhōng Yángzǐのように，下の名前も付け加えてフルネームで答えることもできます。

注意! 同じように姓を尋ねる言い方に"你姓什么？" nǐ xìng shénme?があります。"您贵姓？"よりは少しくだけた聞きかたです。もっとくだけて，普通に名前を聞くときは"你叫什么名字？" nǐ jiào shénme míngzi? を使います。"名字" míngziは名字ではなく必ず名を含みます。ですから，答えるときには"我叫田中洋子" wǒ jiào Tiánzhōng Yángzǐとフルネームで答えるのが普通です。

P47の練習の答え 拜拜，明天见！ Báibái,míngtiān jiàn!

48

応用センテンス

A ニン　グイシン
您贵姓?
Nín　guìxìng?
（お名前は？）

B ウォー シン リー　　　チァオ リー シューホイ
我姓李，叫李淑惠。
Wǒ xìng Lǐ,　jiào Lǐ Shūhuì.
（私は名字は李，李淑恵といいます）
★姓を聞かれたからといって，"我姓李"と姓のみ答えて終わりにすると，素っ気ない感じになります。普通は名前も添えます。

A ニー チァオ シェンマ　みんヅ
你叫什么名字?
Nǐ jiào shénme míngzi?
（お名前は？）

B ウォー チァオ ガオチァオ　リーホイ
我叫高桥理惠.
Wǒ jiào Gāoqiáo Lǐhuì.
（私は高橋理恵といいます）

練習　言ってみよう！

自分の名前を入れて言ってみよう！
A：お名前は？
B：私は姓は○○，○○△△といいます。

答えはP50

Mao's collection

扑克 pūkè

ポーカーの音訳で"扑克"，しかし意味はトランプだ。「トランプをする」は"打扑克" dǎ pūkèと言う。トランプのカードは53枚はある。これだけあれば工夫のしがいもあろうというものだ。日本なら東海道五十三次の風景とか，あるいは浮世絵でもいい。そういうのが外国人に好まれる。値段も手頃なのでお土産にも良い。これは中国で求めたものだが"女官" nǚguānの言葉に惹かれたらしい。ちなみに♥は"红桃" hóngtáoと言い，◆は"方块" fāngkuài，♣は"梅花" méihuā，♠は"黑桃" hēitáoと言う。

CD
023

どこへ行くの？

上哪儿去？

シャん ナール チュィ
上哪儿去？
Shàng nǎr qù?

 いいところに行く！

ここでは "上" shàngは「上がる」ではなく「行く」という意味です。このとき "上" の後ろに必ず目的語が続きます。答えは "哪儿" nǎrの部分に場所を入れて "我上图书馆去" wǒ shàng túshūguǎn qù（図書館に行きます）。日本語でも都会に行くことを「（都に）上る」と言いますが、"上" も "上北京" shàng Běijīng（北京に行く），"上街" shàngjiē（街に行く）のように晴れがましいところ、公のところに行くという場合によく使います。"上班" shàngbān（出勤する），"上课" shàngkè（授業に出る）にも "上" です。"下班" xiàbānは「退勤する」，"下课" xiàkèは「授業が終わる」となり "上" と逆の意味になります。また地方に行くことは日本語では「下る」といいますが、中国語も "下" xiàを使って "下乡" xiàxiāng（田舎に行く）です。

注意! 本当に行き先が知りたくてたずねている場合もありますが、あいさつの一つとして "上哪儿去？"（どちらへ）と声をかけることもあります。相手に関心を持っていることを示してあいさつにするわけで、日本と同じですね。答えは日本なら「ちょっとそこまで」ですが、中国では "上街买东西去" shàngjiē mǎi dōngxi qù（街へ買い物に）などと具体的に答えます。

P49の練習の答え

A：您贵姓？　Nín guìxìng?
B：我姓○○，叫○○△△。　Wǒ xìng○○,jiào○○△△.

応用センテンス

ニー　シャン　ナール　チュイ
A 你 上 哪儿 去?
Nǐ shàng nǎr qù?
（どこに行くの？）

ウォーシャン　イーユエン　チュイ
B 我 上 医院 去.
Wǒ shàng yīyuàn qù.
（病院に行きます）

解説
"医院" yīyuànは「病院」。

練習 言ってみよう！

街に行きます。

答えはP52

Mao's collection

拨浪鼓 bōlanggǔ

でんでん太鼓は "拨浪鼓" という。北京のお土産物屋さんで10元で買った。珍しくもないのだろうが，日本ではとんと見かけないので，異国で出会うとすごく得をした気になってつい買ってしまう。中国にしかない羽根蹴りの羽根（"毽子" jiànzi）や独特のコマ（"空竹" kōngzhú）などは「まあ，いいか」と買おうとしない（カットはいずれも『講談社中日辞典（第二版）』による）。どうも何をコレクションするかには懐かしさというか，幼少期の思い出などが深く関わっているようだ。"拨浪鼓" にまつわる面白い表現がある。「知らない」と思いっきり首を振ることを次のように比喩する。"他头摇得跟拨浪鼓似的。" Tā tóu yáode gēn bōlanggǔ shì de.（彼はでんでん太鼓のように首を振った）。

毽子

空竹

カット2点『講談社中日辞典』第二版より

24

CD 024

はい，どうぞ。

ゲイ

给!

Gěi!

Point 「どうぞ」の "给"

ものをあげたり，渡したりしながら「はい，どうぞ」と言うときは "给"。"给" は動詞で「与える、あげる」という意味。たとえば，タクシーの運転手に料金を払うとき "师傅，给！" shīfu,gěi!（運転手さん，はい）などと言ってお金を渡します。消しゴムを貸すときなど，本当にあげるのではない場合にも "给" と言うことができます。"给" の後に目的語を付けて "给你" gěi nǐ（あなたにあげる）としてもOK。相手が目上の人の場合は "给您" gěi nín と "您" nín を使ったほうがベター。

練習 言ってみよう！

A : その本を取って
　　下さい。
B : はい，どうぞ。

答えはP54

応用センテンス

ネイ ゴ ツーリァオ バん ウォーナー イーシア
A 那个 资料 帮 我 拿 一下.
　　Nèige zīliào bāng wǒ ná yíxià.
　　（その資料取ってください）

ゲイ ニン
B 给您. （はい，どうぞ）
　　Gěi nín.

解説

"帮" bāngは（手伝う，代わりに～する），"拿" ná（持つ，取る）。"○○帮我拿一下" で○○に取ってほしいものをいれ「○○を取ってください」。

P51の練習の答え　我上街去. Wǒ shàngjiē qù.

52

Part 2

おつきあいに活躍

中国人と仲良くなれるフレーズばかりです。「おめでとう！」と祝ってみたり、「ご面倒をおかけします」とありがたがったり。中国人の言語感覚をつかみましょう。

你还记得我吗？ Nǐ hái jìde wǒ ma?
（私のこと覚えていますか）

とりあえず, ビールを2本。

先来两瓶啤酒.

シエン　ライ　リアん　ぴん　ピーヂウ
先　来　两　瓶　啤酒.
Xiān　lái　liǎng　píng　píjiǔ.

 まずは一息ついて

一日買い物や観光を楽しみ, へとへとになってレストランに入りました。喉はからから, 食事はさて置き, まずビールで一息つきたい。そんなときに役立つのが "先来两瓶啤酒"（まずビール2本お願い）。ポイントは "先" xiān（とりあえず, まず）。"先○○" の○○に動詞フレーズを入れて「まず○○」と, 先にしたいことを伝えましょう。"来" láiは, ここでは「来る」ではなく, "要" yào（要る, 欲しい）という動詞の代わりに使われています。モノを注文するわけですから, 必ず数量を言うことを忘れずに。なお「一つ, 二つ」とモノを数えるときは "二" èrではなく "两" liǎngを使うことにも注意!

注意! 日本語では紙を「一枚, 二枚」, 鉛筆を「一本, 二本」と数えますが, 中国語にも「枚」「本」にあたる「量詞」と呼ばれるものがあります。"瓶" píngは瓶に入っているものを数える量詞で "两瓶啤酒" liǎng píng píjiǔのように「数詞＋量詞＋名詞」の形で現れます。わからないときはオールマイティの量詞 "个" ge（個）を使って "一个, 两个, 三个" yí ge, liǎng ge, sān geでも通じます!

P52の練習の答え　A:那本书帮我拿一下.　Nà běn shū bāng wǒ ná yíxià.
B:给.　Gěi.

応用センテンス

ウォー シエン ヅォウ　ラ
我 先 走 了. （お先に失礼します）
Wǒ xiān zǒu le.

ニー シエン シュイ　バ
你 先 睡 吧. （先におやすみなさい）
Nǐ xiān shuì ba.

ウォーメン シエン ホー チャー バ
我们 先 喝 茶 吧. （先にお茶でも飲みましょう）
Wǒmen xiān hē chá ba.

解説

"我先○○了" で「お先に○○し
ます」。"走" zǒuは「この場を離
れる、立ち去る」。
"你先○○吧" で「先に○○しな
さい」。"睡" shuìは「寝る」、"吧"
baは命令の語気を和らげる助詞。
"我们先○○吧" で「先に○○し
ましょう」。"喝茶" hē chá（お
茶を飲む）。

とりあえず食事しよう。

答えはP56

Mao's collection

茶杯 chábēi

蓋付きの湯飲みで, こういうものを "茶杯" と言う。単に "杯
子" bēiziと言えば「グラス」のことだから, "杯" bēiとはず
んどうになっている入れ物だ。日本でよく見かける茶碗は"茶
碗" cháwǎnという。中国の人はこの "茶杯" の中に直接お
茶の葉をいれてたっぷりお湯をそそぎ, 蓋をしてしばらく置
いてから飲む。それぞれ自分の好みの "茶杯" を持っている。

CD 026

どういたしまして。

別客气.

谢谢.

シエシエ
Ⓐ 谢谢. （ありがとう）
Xièxie.

ビエ　コーチー
Ⓑ 別 客气.
Bié　kèqi.

Point あいさつのイロハ

基本のあいさつことば。"谢谢" xièxie（ありがとう）と同じくらいよく使うのが「どういたしまして」。中国人は"谢谢"とお礼を言われたら，ほとんど条件反射的に「どういたしまして」と返します。"別" biéは禁止を表し「～するな」。"別○○"（○○しないで）の形で○○にいろいろな動詞・形容詞を入れることができます。"客气" kèqi（遠慮する）を入れて"別客气"で「遠慮するな＝どういたしまして」という意味になります。"不客气" bú kèqi, "不谢" búxiè（どういたしまして）と言ってもOK。

注意! 禁止を表す"別"。この漢字よく見ると口の下が「力」になっているのに気付きましたか。このように，日本の漢字と中国の簡体字，一見同じように見えて微妙に異なるものがあります。下記の表を比べてみましょう。

日本	圧	団	差	浅	角	歩	骨	敢	免	収	牙	強	効	巻	鼻
中国	压	团	差	浅	角	步	骨	敢	免	收	牙	强	效	卷	鼻

P55の練習の答え　（我们）先吃饭吧.　（Wǒmen）xiān chīfàn ba.

応用センテンス

ビエ ヅォウ
別走.
Bié zǒu.
（行かないで）

ビエ カイ ワンシャオ
別开玩笑.
Bié kāi wánxiào.
（からかわないで）

ビエ ホウホイ
別后悔.
Bié hòuhuǐ.
（後悔しないで）

ビエ チャオヂー
別着急.
Bié zháojí.
（あせらないで）

解説

どれも短いフレーズですが，よく使うものばかりです。"开玩笑"「冗談を言う、茶化す」"着急"「焦る、いらいらする」，"后悔"「後悔する」。

練習 言ってみよう!

泣かないで。
＊"哭" kū を使って。

答えはP58

Mao's collection

筷子 kuàizi

"筷子"（箸）である。これは陶器製である。象牙のもの，金属のもの，木製，竹製といろいろあるが，中国のものは一様に先が尖っていない。中国人は箸で人に料理をとってあげる。その際，先が鋭く尖った箸では客に失礼と考えるのではないか。もう一つ，中国では箸は縦に置く。日本では横に置く。縦に置く中国式のほうが中央の料理に手を伸ばしやすい。箸ひとつにも日中異文化が込められている。

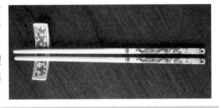

どちらさまですか。

您哪位?

ニン　ナー　ウェイ
您 哪 位?
Nín　nǎ　wèi?

Point "您" と "位" で丁寧に

日本では電話を掛ける場合，自ら名乗るのがエチケットですが，中国ではそういう習慣がありません。いきなり"喂, 铃木先生在吗?" wéi, Língmù xiānsheng zài ma?（もしもし，鈴木さんいますか）と掛かってくるので，こちらから「どちらさまですか」とたずねることがよくあります。そのとき"你是谁?" nǐ shì shéi?（あなた誰ですか）と聞くのはぶしつけでマナー違反。相手がどういう人でも失礼のないように"您"を使って"您哪位?"とたずねるのがベスト。"您哪位?"は"您是哪一位?" nín shì nǎ yí wèi?の略で，"哪" nǎは「どれ」，"位" wèiは人を数える量詞で敬意を込めた言い方です。

注意! "您" と "位" は中国語の敬語の代表選手。"您" は "你" の敬称。"位" は人を数えるときの量詞です。人を数えるとき普通は "个" geを用いますが，丁寧に言うときは "位" を使います。レストランで 您几位? Nín jǐ wèi?（何名様ですか）紹介して 这位是山田先生. Zhè wèi shì Shāntián xiānsheng.（こちらは山田さんです）

P57の練習の答え　别哭. Bié kū.

応用センテンス

（電話で）

ウェイ りんムー シエンションヅァイ マ

Ⓐ 喂，铃木先生在吗?

Wéi, Língmù xiānsheng zài ma?

（もしもし，鈴木さんいらっしゃいますか）

ウォー チウ シー ニン ナー ウェイ

Ⓑ 我就是. 您哪位?

Wǒ jiù shì. Nín nǎ wèi?

（私ですが，どちらさまでしょうか）

解説

電話の決まり文句を覚えておく
と便利。本人が電話に出た場合
は "我就是" wǒ jiùshì。

練習 言ってみよう!

友達を紹介しましょう。
こちらは張さんです。

答えはP60

Mao's collection

请柬 qǐngjiǎn

インビテーションは中国語で "请柬" と言う。ちょ
っと改まった食事などでもインビテーションをよこ
す。論文の審査会に出席を請われる，こういうとき
もうやうやしく招聘状を回してくる。結婚式等は日
本でも案内状がくるが彼の地では赤い "请柬" が封
書に入ってくる。中国人のホスピタリティが "请柬"
の段階から十分に発揮されているとみるべきだろ
う。結婚式の定型文面は次のようなものだ。"谨定
于2005年10月8日星期六中午12时在天地餐厅举
行结婚仪式恭请光临" jǐn dìngyú èrlínglíngwǔ
nián shíyuè bā rì xīngqīliù zhōngwǔ shí' èr shí
zài Tiāndì cāntīng jǔxíng jiéhūn yíshì gōngqǐng
guānglín（2005年10月8日土曜日昼12時に天地
レストランにて結婚式を行いますのでご来臨お願い
申し上げます）。

Invitation

28

CD 028

お待たせしました。

让你久等了.

ドゥイブチー　　ゥん　ニー　ヂウ　ドん　ラ

对不起, 让 你 久 等 了.

Duìbuqǐ,　　　ràng　nǐ　jiǔ　děng　le.

Point お付き合いの基本

ビジネスでもプライベートでも，時間厳守はお付き合いの基本。やむなく人を待たせてしまったときに，この一言があるかないかで大きく差がでます。"让" ràngは「～させる」，"久等" jiǔ děngは「長く待つ」，"让你久等了"で「あなたを長く待たせてしまいました」。

"让你○○了" は人に迷惑を掛けたときに幅広く応用できるフレーズ。"○○" には動詞が入ります。人に心配をかけたときには "担心" dānxīn（心配をする）を入れて "让你担心了"（ご心配をおかけしました）。手数をかけたときには"受累" shòulèi（骨を折る，苦労する）を用い "让你受累了"（お疲れ様でした）。相手への気遣いを忘れずに。

注意! "让你久等了" ràng nǐ jiǔ děng leは第3声が三つ連続しています。意味的には "让你 | 久等了" と切れるので，ràng nǐ jiú děng leと変調させて読みます。

P59の練習の答え 这位是张先生. Zhè wèi shì Zhāng xiānsheng.

60

ヂンティエン　ラん　ニー　ポーフェイ　ラ

今天 让 你 破费 了.
Jīntiān　ràng　nǐ　pòfèi　le.
（今日は散財させちゃったね）

Part
2

おつきあいに活躍する

解説

レストランでご馳走してもらったときの，お礼の言葉。"破费" pòfèiは「お金を使う，散財する」で"让你破费了"は「あなたに散財させてしまいました」。「散財させる」というと少し大げさな感じがしますが，「今日はごちそうさま」ぐらいの気軽な表現です。

練習 言ってみよう！

ごめんなさい。心配かけましたね。

答えはP62

Mao's collection

校徽 xiàohuī　　国徽 guóhuī　　军徽 jūnhuī

"校徽"とは「校章」である。ここには"北京语言学院" Běijīng yǔyán xuéyuànのものが見える。今では"北京语言大学" Běijīng yǔyán dàxuéに変わったが，これはまだ"学院" xuéyuànと呼ばれていた頃の校章だ。"学院"とはカレッジにあたる。ほかにも"上海邦德三中" Shànghǎi bāngdé sānzhōngの校章がある。これはバッジ屋さんの見本にあったものを頂いたものだ。"国徽"といえば「国章」である。もう一つ"军徽"がある。これは中国人民解放軍の「軍章」だ。「八一」の数字が見えるが，8月1日は中国の建軍記念日。1927年8月1日，南昌で中国共産党系の軍隊が武装蜂起したのを記念するものだ。

29

CD 029

おめでとう！

恭喜恭喜!

ゴんシー　ゴんシー
恭喜　恭喜!
Gōngxǐ　　gōngxǐ!

Point 人生の節目に

人生の節目のお祝い事に欠かせないのが "恭喜恭喜！"。"恭喜" gōngxǐ を繰り返すだけなのでとっても簡単！この一言で，子供が産まれたとか，家を新築したとか，大学に合格したとか，いろいろな喜び事を幅広くカバーできます。お祝いの具体的な内容を言いたい場合は，"恭喜"＋センテンスでOK。

恭喜你生个儿子. Gōngxǐ nǐ shēng ge érzi.
　　（男の子のお誕生，おめでとう）
恭喜你考上大学. Gōngxǐ nǐ kǎoshàng dàxué.
　　（大学合格おめでとう）
恭喜你们结婚. Gōngxǐ nǐmen jiéhūn.
　　（ご結婚おめでとうございます）

注意! "恭喜" を使ったあいさつで今流行っているのが "恭喜发财！" Gōngxǐ fācái!（お金持ちになれますように！）。"发财" fācái は「金をもうける、金持ちになる」という意味で、"恭喜发财！" は「お金持ちになれますように」。大阪弁の「もうかりまっか」のようなものです。覚えておくと受けること間違いなし！

P61の練習の答え 对不起，让你担心了. Duìbuqǐ, ràng nǐ dānxīn le.

チュー ニー ションリー クアイラー
祝 你 生日 快乐!
Zhù nǐ shēngri kuàilè!
（お誕生日おめでとう！）

ションダンチエ クアイラー
圣诞节 快乐!
Shèngdànjié kuàilè!
（メリークリスマス！）

シンニエン クアイラー
新年 快乐!
Xīnnián kuàilè!
（あけましておめでとう！）

Part 2

おつきあいに活躍する

解説

"快乐" kuàilèは英語のHappyに当たることば。よく使われる「おめでとう」を覚えましょう。"生日" shēngriは誕生日のこと、中国の新年は旧暦の正月「春節」。"春节快乐！" Chūnjié kuàilè!、"圣诞节" Shèngdànjiéはクリスマス。

練習 言ってみよう！

"我下个月要结婚" wǒ xiàge yuè yào jiéhūn （来月結婚します）という相手に

おめでとう！

答えはP64

Mao's collection

抄书本 chāoshūběn

小学生が使うノートである。"本子" běnziという。"汉语拼音" Hànyǔ pīnyīnとあるのはもっぱらピンインローマ字を練習するノートだ。"抄书本" とは教科書を書き写すためのノートだ。このほか "生字本" shēngzìběnというのもある。これは新出の字や単語を書くもので，宿題でよく "每一个字写两行" měi yí ge zì xiě liǎng háng （一字につき２行書くこと）などと課せられる。鉛筆を手にノートに向かう小学生の姿はどの国の子もいい。

63

30

CD 030

ご面倒をおかけします。

麻烦你了．

マーファン　ニー　ラ
麻烦 你 了.
Máfan　nǐ　le.

Point　気くばりフレーズ

"麻烦你了"は，相手になにか「やっかいごと」をお願いしたとき，「(悪いけど，やっかいなことだけど) 頼むね」とさりげなく添える気くばりのフレーズです。"麻烦"máfanは動詞で「面倒をかける，手数をかける」という意味。"麻烦你了"で「ご迷惑をおかけします」。頼む相手はたいてい同輩・友人。目上の人には"你"nǐのかわりに"您"nínを使いましょう。何かをやってもらった後に"麻烦你了"(ご迷惑をおかけしました) と言ってもOKです。

注意! "麻烦"には「やっかいだ，わずらわしい，面倒だ」という形容詞的用法もあります。「あ～，面倒くさい！」は"真麻烦！"Zhēn máfan.。

P63の練習の答え 恭喜恭喜！　gōngxǐ gōngxǐ!

バン　ウォー　フーイン　イーシア　　マーファン　ニー　ラ

帮 我 复印 一下, 麻烦 你 了.

Bāng wǒ fùyìn yíxià, máfan nǐ le.

（ちょっとコピーしてくれない，悪いね）

バン　ウォー　ナー　イーシア　シンリー　　マーファン　ニー　ラ

帮 我 拿 一下 行李, 麻烦 你 了.

Bāng wǒ ná yíxià xíngli, máfan nǐ le.

（ちょっと荷物を持ってくれない，悪いね）

解説

"帮" bāngは「手伝う」という意味の動詞。"帮我○○"で○○に動詞フレーズを入れ「○○してください」と人にお願いすることができます。"复印"fùyìnは「コピーする」，"拿" ná「持つ」，"行李" xíngli「荷物」。いろいろ頼んで"麻烦你了"と添えてみましょう。

練習　言ってみよう!

お茶を一杯入れてくれる，悪いね。

＊「お茶を入れる」"倒一杯茶" dào yì bēi chá。

答えはP66

Mao's collection

笔筒 bǐtǒng

筆立て。伝統的なものは手前にあるようにほとんどが藍色の模様だ。色合いに濃淡があり，この手のものが一番好きだ。後ろのは文化大革命のころに出たもので毛沢東と林彪が仲良く談笑している。林彪は毛沢東の後継者に目されながら，クーデターをはかり，ソ連に脱出しようとしてモンゴルに飛行機が落ち，墜落死したとされる。

31

CD
031

私がやりましょう。

我来吧.

ウォー ライ バ

我 来 吧.

Wǒ lái ba.

 積極性をアピールして

同じアジア人でも中国人はアグレッシブ。今の時代シャイで控えめではもう通用しません。"我来吧"と自分から手を挙げて積極性をアピールしましょう。この"来"láiは「来る」ではなく「する、やる」という意味。具体的な動作を表す動詞の代わりに用いられるので、いろんなシチュエーションで使えます。たとえば、カラオケで「私、歌いま〜す」と言いたいときに"我来吧！"。大きな荷物を持っている女性を手助けするのに"我来吧！"。上司が自分でコピーをしていたら"我来吧"。一言でどこでも使えるおいしいフレーズです！

注意! "我来吧"の"吧"baは語気を和らげる助詞。口調が柔らかくなります。
你过来nǐ guòlái（来い）
→你过来吧nǐ guòlái ba（来なさい）
你走nǐ zǒu（行け）
→你走吧nǐ zǒu ba（行きなさい）

P65の練習の答え 帮我倒一杯茶，麻烦你了。 Bāng wǒ dào yì bēi chá, máfan nǐ le.

66

🗣 我自己来.
ウォー　ツーヂー　ライ
Wǒ zìjǐ lái.
（自分でやります）

🗣 你来吧.
ニー　ライ　バ
Nǐ lái ba.
（やってよ）

解説

中国の接客マナーとしてホストが客の小皿に料理を取り分けたり，お酒を注いだりする習慣があります。客側は "自己" zìjǐ（自分で）を使って "谢谢, 我自己来" xièxie,wǒ zìjǐ lái（ありがとう，自分でやります）と返しましょう。"你来吧" は「あなたがやってよ」。自分でやってばかりではダメ。たまには相手にもやってもらいましょう。

練習 言ってみよう！

大きな荷物を持った人に「僕がやろう」。

答えはP68

Mao's collection

铜猫 tóngmāo

銅でできている猫だから "铜猫" である。ペーパーウエイトに使ったり，目休めにしたり，たまに触ったりする。それだけだが，私の名前は中国語でmàoという。猫はmāoである。どちらもマオには違いない。そこで何となく親しみがある。ちなみにこのコラムMao's collectionもここに由来する。

32

CD 032

もう行かなきゃ。

ウォー ガイ ヅォウ ラ
我 该 走 了.
Wǒ　gāi　zǒu　le.

Point 去り際が肝心

終わりよければ全てよし。お付き合いも去り際が肝心。どこの国でも尻の長い人は嫌われます。スマートに立ち去るためのお役立ちフレーズは"我该走了."ちらりと時計を見て帰る準備をしながらタイミングよく切り出すのがコツです。"该" gāiは助動詞で「〜すべきだ」、"走" zǒuは「(この場を)離れる」、文末の"了" leは「変化」を表します。中国語の助動詞は"我该走了"のように動詞の前に置くことに気をつけて。

注意! "了"には2つあります。動詞の後に付く「完了」の"了"と、文末の"了"。文末の"了"は主に「新たな状況の発生」や「変化」を表します。

我该走了.（もう行かなければならなくなった）

她是大学生了. Tā shì dàxuésheng le.（彼女は大学生になった）

三点半了. Sān diǎn bàn le.（3時半になった）

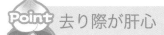

P67の練習の答え 我来吧. Wǒ lái ba.

Part 2

応用センテンス

シーチエン ブー ツァオ ラ ウォー ガイ ヅォウ ラ

🐼 **时间 不 早 了, 我 该 走 了.**

Shíjiān bù zǎo le, wǒ gāi zǒu le.

（もうこんな時間だ，行かなくては）

イーヂン チウディエン ラ ウォー ガイ ヅォウ ラ

🐼 **已经 九点 了, 我 该 走 了.**

Yǐjing jiǔ diǎn le, wǒ gāi zǒu le.

（もう9時だ，行かなくては）

解説

"我该走了" の前に，立ち去る理由をいろいろ言ってみましょう。"时间不早了"（もうこんな時間になった）。"已经〜了" yǐjing 〜 le（すでに〜になった）を用いて "已经九点了"（もう9時になってしまった）。どちらも変化の "了" です。

練習 言ってみよう!

午後まだ用事があるから，行かなくては。

答えはP70

Mao's collection

红包 hóngbāo

ポチ袋というのだろうか，袋の中にお金を入れてちょっと渡す。中国では "红包" という。文字通り「赤い包み」だ。中国ではおめでたいことは赤い色で表される。結婚式の色も赤一色。だから日本で男性の黒い礼服にはぎょっとする。この "红包"，最近はなかなか凝ったものが増えてきた。経営者が社員に年末のボーナスをあげるときに使ったり，官僚への賄賂にも活躍する。春節の時期に，この紅い包みを利用するわけだ。最近では手術担当のお医者さんへの袖の下によく使われる。大活躍の "红包" である。

33

CD 033

歌が上手だね。

你唱得真好.

ニー　チャンダ　ヂェン　ハオ

你 唱 得 真 好.

Nǐ chàngde zhēn hǎo.

Point 中国語は動詞中心

たとえお世辞でも人はほめられると嬉しいもの。相手のいいところを見つけてどんどんほめてあげましょう。「○○が上手だね」というときは,補語を導く"得" deを用いて"○○得真好"。○○には動詞が入ります。「歌が上手だね」なら動詞"唱" chàngを入れて"你唱得真好",「字が上手だね」なら"你写得真好" nǐ xiěde zhēn hǎo。日本語では「歌が上手だね」「字が上手だね」と名詞中心の表現ですが,中国語にすると"你唱得真好"「歌うのが上手だね」,"你写得真好"「書くのが上手だね」と動詞が中心になります。

注意! "你唱得真好" のより完全な形としては,はじめに"唱歌" chàng gē(歌を歌う)を言います。
你唱歌唱得真好. Nǐ chàng gē chàngde zhēn hǎo.
ここからはじめの"唱"を省くことができます。
你歌唱得真好. Nǐ gē chàngde zhēn hǎo.
ここからさらに"歌" gēも省いたものが"你唱得真好"です。

P69の練習の答え 下午还有事儿, 我该走了. Xiàwǔ hái yǒu shìr, wǒ gāi zǒu le.

70

おつきあいに活躍する

応用センテンス

"唱得○○"(歌が○○だね) の○○をいろいろ入れ替えてみましょう。

🍑 **她唱得非常好.**

ター　チャンダ　フェイチャン　ハオ

Tā chàngde fēicháng hǎo.
（歌がとっても上手だ）

🍑 **她唱得不错.**

ター　チャンダ　ブー　ツォ

Tā chàngde búcuò.
（歌がうまい）

🍑 **她唱得不太好.**

ター　チャンダ　ブー　タイ　ハオ

Tā chàngde bú tài hǎo.
（歌がそれほどうまくない）

🍑 **你的汉语说得真好.**

ニー　ダ　ハンユィ　シュオダ　チェン　ハオ

Nǐ de Hànyǔ shuōde zhēn hǎo.
（中国語が上手ですね）
★"汉语" Hànyǔは「中国語」。

解説

"非常" fēichángは「非常に」、"不错" búcuòは「よい、すばらしい」。"不太" bú tàiは「あまり〜ではない」。"说" shuō（話す）を使って "说得真好" shuōde zhēn hǎo（話すのが上手）。

練習 言ってみよう！

日本語上手ですね。
＊「日本語」は "日语" Rìyǔ。

答えはP72

Mao's collection

压岁包 yāsuìbāo

これも "红包" hóngbāoの一種だが、わざわざ「お年玉袋」と印刷してある。お年玉と言うときは "压岁钱" という。旧正月、すなわち "春节" Chūnjiéの時にこれにお金を入れて子や孫や親戚の子にあげる。いくらぐらい入れるのかは時代によって、また都市部と地方では違うのだろうが、北京の最近の相場は100元とも200元とも聞いた。

まだまだです。

哪里哪里，差得远呢.

ナーリ　　ナーリ　　　　チャーダ　ユェン　ナ

哪里 哪里， 差得 远 呢.

Nǎli　　　nǎli,　　　chàde　yuǎn　ne.

Point 謙遜の仕方

これはほめられて「とんでもありません，まだまだです」という場面です。"差" chàとは「隔たりがある，差がある」，"差得远"は「(理想からはまだ) かなりの差がある」→「まだまだです」となります。ほめられたら謙遜する，これが常識。謙遜の仕方は他には "不行" bùxíng（→P16）を用いて "还不行呢" hái bùxíng ne（まだダメです），"过奖了" guòjiǎng le（ほめすぎです）など。他愛のないことなら "是吗？谢谢" shì ma? xièxieと素直に喜んでもかまいません。

注意! "哪里哪里" は「いや，とんでもありません」。謙遜するとき以外に，感謝されたときにも使います。不知道怎么感谢你才好. Bù zhīdào zěnme gǎnxiè nǐ cái hǎo. －哪里哪里.（なんとお礼を申し上げたらいいのやら─とんでもない）"哪里哪里" の声調に注意。nǎli nǎliは，náli náliと第2声になるので気をつけて。これは「里」が本来はlǐのためです。

P71の練習の答え　你的日语说得真好. Nǐ de Rìyǔ shuōde zhēn hǎo.

応用センテンス

ニー　ダ　　ハンユィ　シュオ ダ　チェン ハオ
Ⓐ **你 的 汉语 说得 真 好!**
　　Nǐ　de　Hànyǔ　shuōde　zhēn　hǎo!
（中国語上手ですね！）

ナーリ　　　ナーリ　　　　チャーダ　ユェン　ナ
Ⓑ **哪里 哪里，差得 远 呢.**
　　Nǎli　nǎli,　　chàde　yuǎn　ne.
（とんでもない，まだまだです）

解説

片言の中国語しか話せなくても，必ずどこかで使う機会がある会話。まるごと覚えてしまいましょう。英語がうまい人は "你的英语" nǐ de Yīngyǔ と言われるでしょう。

練習　言ってみよう！

A：英語が上手だね。
B：いやいや，まだまだです。

答えはP74

Mao's collection

玉人 yùrén

玉でできた人である。いずれも手のひらにすっぽりおさまるぐらいの大きさで愛玩によい。必ずどこかに紐を通せる小さな穴があいている。どうやら紐をとおして腰のあたりに下げたものらしい。男児たるものお気に入りの玉人を身に付けて出勤したのだろう。お互い自分の玉人を見せあう。時には友情の印に交換したりしたに違いない。これぞ君子の世界。

35

CD 035

私のこと覚えていますか。

你还记得
我吗?

ニー ハイ チーダー ウォー マ

你 还 记 得 我 吗?

Nǐ   hái   jìde   wǒ   ma?

 Point 空白の時間を埋める一言

疎遠になっていた人と連絡を取るとき、相手が自分のことをまだ覚えているかちょっと不安。そんな時、二人の空白の時間を埋めてくれるセリフが "你还记得我吗？"。"还" háiは「依然として、まだ」、"记得" jìdeは「覚えている」。後に「○○大学の田中です」とか「以前展示会でお会いした…」など説明をすると、よりスムーズに思い出してもらえます。このセンテンス "你还○○吗？"の形で、○○に動詞フレーズを入れて応用することができます。例えば "你还在北京吗？" nǐ hái zài Běijīng ma？（あなたはまだ北京にいますか）、"你还爱我吗？" nǐ hái ài wǒ ma？（君はまだ僕を愛しているかい？）。

注意! "记得" jìdeはこれで一つの単語。「忘れずにいる、覚えている」という意味の動詞です。
"你还记得我吗？"の答え方は、"记得"（覚えています）／ "不记得了" bú jìde le（覚えていない）。「はっきり覚えていない」と言いたい場合は "清楚" qīngchu（はっきり）を用いて "记不清楚了" jìbuqīngchule.。

P73の練習の答え　A:你的英文说得真好.　Nǐ de Yīngyǔ shuōde zhēn hǎo.
B:哪里哪里，还差得远呢.　Nǎlinǎli, chàde yuǎn ne.

応用センテンス

「まだ○○していますか」と聞いてみよう。

ニー ハイ シュエ リーウィ マ
你 还 学 日语 吗?
Nǐ hái xué Rìyǔ ma?
（まだ日本語勉強しているの？）

ニー ハイ チューヅァイ ナール マ
你 还 住在 那儿 吗?
Nǐ hái zhùzai nàr ma?
（まだあそこに住んでいるの？）

ニー ハイ シーホァン ター マ
你 还 喜欢 他 吗?
Nǐ hái xǐhuan tā ma?
（まだ彼のこと好きなの？）

練習 言ってみよう!

"你还记得我吗?" と聞かれて「ごめんなさい，はっきり覚えていません」と答えましょう。

答えはP76

Mao's collection

老师卡 lǎoshīkǎ　教师节 Jiàoshījié

「子供の日」というのがある。日本は5月5日だが，中国は6月1日だ。"儿童节" Értóngjiéという。「婦人の日」というのもある。3月8日で"妇女节" Fùnǚjiéという。これは日本にはない。日本にはない祝日にもう一つ「教師の日」というのがある。"教师节" Jiàoshījiéと言い，9月10日だ。Jiǔ·shí（9・10）とjiàoshī（教師）どことなく似ている。中国にもだじゃれの好きな人がいるのだ。日頃世話になっている先生にカードを贈る。それにしてもこの3つの祝日，いずれも弱者のためのものだ。「男性の日」とか「官僚の日」というのはない。

早くしてくれませんか。

你快点儿好吗?

ニー　クアイ　ディアル　ハオ　マ
你 快 点儿 好 吗?
Nǐ kuài diǎnr hǎo ma?

Point ストレス解消

おおらかな中国。時間の流れも大陸的です。めまぐるしい日本の生活に慣れている私たちにはもどかしく感じられることもしばしば。そんなときは "你快点儿好吗?"。形容詞 "快" kuài（早い）＋"点儿" diǎnr（すこし）は，形容詞の命令形で「早くしろ」。そのままでは乱暴なので "好吗?" hǎo ma?（いいですか）を加えて命令の語気を和らげます。レストランやホテルのフロントなどで，意味もなく待たされてむかっと来たらこの一言。ストレス解消できること間違いなしです！

注意! "好吗?" は「いいですか」。文末に用います。"行吗?" xíng ma? "可以吗?" kěyǐ ma? などでもOK。
你快点儿好吗／行吗／可以吗?

P75の練習の答え 对不起，我记不清楚了。 Duìbuqǐ, wǒ jìbuqīngchu le.

"你○○点儿好吗?"の○○に形容詞を入れて，どんどん希望を言いましょう。

ニー　シァオシン　ディアル　ハオ　マ
你 小心 点儿 好吗?　(すこし気をつけて)
Nǐ xiǎoxīn diǎnr hǎo ma?

ニー　アンヂん　ディアル　ハオ　マ
你 安静 点儿 好吗?
Nǐ ānjìng diǎnr hǎo ma?
(すこし静かにして)

ニー　ロんヂん　ディアル　ハオ　マ
你 冷静 点儿 好吗?
Nǐ lěngjìng diǎnr hǎo ma?
(すこし冷静になって)

解説
"小心" xiǎoxīn（気をつける，注意する），"安静" ānjìng（静かである），"冷静" lěngjìng（冷静である，落ち着いている）。"你小心点儿" nǐ xiǎoxīn diǎnr→ní xiǎoxīn diǎnrの声調変化に注意。"冷静" lěngjìngの場合も同様。

Part 2
おつきあいに活躍する

練習　言ってみよう!

夜中に騒いでいる人たちに「ちょっと静かにしてくれない?」

答えはP78

Mao's collection

铅笔盒 qiānbǐhé
筆箱，中国語では"铅笔盒"と言う。"铅笔箱" qiānbǐxiāngなどと言ってはいけない。"箱" xiāngというのは段ボール箱とか旅行カバンのような大きなものを言う。"盒" héはたいてい蓋付きの小物入れのようなものである（p25参照）。蓋の内側に九九の一覧が載っている。よく見ると日本の半分しかない。考えてみれば「2×4」を覚えれば4の段の「4×2」は要らないわけだ。中国は合理的だがちょっとさびしい。

その件はまた。

以后再说.

イーホウ ヅァイ シュオ

以后 再说.

Yǐhòu zàishuō.

Point 後回しにするには

"以后再说" は，緊急ではない話をペンディングして後回しにするときの常套句。"以后" yǐhòu は「後で」，"再说" zàishuō は「後で話す、後で考慮する」。たとえば，会議の席ですぐに結論がでない議題について "这件事以后再说" zhè jiàn shì yǐhòu zàishuō（この件はまた今度にしよう）。旅行などの計画を立てていて，まだ予定が定まらないときに "以后再说吧" yǐhòu zàishuō ba（またそのうち考えることにしよう）。「食事に行かない？」と誘われて "再说吧" というと「またの機会にしましょう」と断ることもできます。

注意! 「後で教えるね（後で話すね）」と言いたいときは，"说" shuō ではなく "告诉" gàosu を使って "以后再告诉你" yǐhòu zài gàosu nǐ。"告诉" は「告げる、教える」という意味の動詞（→P94）。

P77の練習の答え 你们安静点儿好吗？ Nǐmen ānjìng diǎnr hǎo ma?

応用センテンス

"以后" の部分を他の時間を示す表現に替えることができます。

ミんティエン　ツァイ シュオ
明天　再说.
Míngtiān　zàishuō.
（明日にしよう）

シアシんチー　ツァイ シュオ
下星期　再说.
Xiàxīngqī　zàishuō.
（来週にしよう）

グオ チーティエン　ツァイ シュオ
过几天　再说.
Guò jǐ tiān　zàishuō.
（2，3日してからにしよう）

解説

"过" guòは「過ぎる」，"几天" jǐ tiānは「2，3日，数日」，"下星期" xiàxīngqīは「来週」。

練習　言ってみよう！

この件は明日にしよう。

答えはP80

Mao's collection

茶壶 cháhú

急須，中国語では "茶壶" という。"壶" hú というのはモノを入れるもので，細長い口がついているものだ。最も有名なのは宜興の "紫砂壶" zǐshāhúだが，これはいただきもので，どこの産かは聞き漏らした。中国の急須はこのように手でもつところと注ぎ口が一直線にならんでいる。日本のとちょっと違うので今度観察してみるといい。手前のお茶の入っているのは "茶碗" cháwǎn という。"茶杯" chábēiとは区別される。

38

CD 038

たくさん食べてね。

多吃点儿.

ドゥオ チー ディアル
多 吃 点儿.
Duō chī diǎnr.

Point 食べ過ぎに注意！

中国人はすすめ上手。食事をご馳走する側が "多吃点儿" と言いながら，かいがいしく小皿に料理を取り分ける習慣があるので，ついつい食べ過ぎてしまいます。"多" duō は「よけいに、多めに」，"点儿" diǎnr は "一点儿" yìdiǎnr の略で「少し」。"多○○点儿" で○○に動詞を入れて「たくさん○○して」という意味になります。他には "多买点儿" duō mǎi diǎnr（たくさん買って），"多喝点儿" duō hē diǎnr（たくさん飲んで）など。"多喝点儿水" duō hē diǎnr shuǐ（たくさん水を飲みなさい）は，風邪を引くと必ず言われるアドバイスです。

注意! 所変われば品変わる。食事をご馳走になるとき，日本では残さないで全部食べるのがエチケット。しかし，中国では全部いらげてしまうと，食事の準備が足りなかったと心配させてしまいます。

P79の練習の答え 这件事明天再说吧. Zhè jiàn shì míngtiān zàishuō ba.

80

応用センテンス

いろいろ言ってもてなしましょう。

メイ シェンマ ツァイ, ドゥオ チー ディアル バ
🐼 **没 什么 菜，多 吃 点儿 吧.**
Méi shénme cài, duō chī diǎnr ba.
（なにもありませんが，たくさん食べてね）

★ここの "什么" shénmeは不定を表す「何も」。"没（有）什么菜" méi(yǒu) shénme càiで「なにも料理はありませんが」。

チェン ルー チー バ
🐼 **趁 热 吃 吧.** （熱いうちに食べてください）
Chèn rè chī ba.

★ "趁" chènは「〜のうちに」。

お腹が一杯になったら

シエシエ,
🐼 **谢谢，**
Xièxie,

ウォー チーバオ ラ
我 吃饱 了.
wǒ chībǎo le.
（ありがとう。もう十分です）

★「（食べて）お腹が一杯」は "吃饱了" chībǎo le，「（飲んで）お腹が一杯」は "喝饱了" hēbǎo le。

食事をごちそうになって「お腹が一杯」

答えはP82

Mao's collection

档案袋 dàng'àndài

中国人がドキッとするのがこの袋である。"档案袋" といい，その人の経歴，学歴など人生が記録されている。仕事が変われば一緒にこれも新しい勤め先についてゆく。しかし何が書いてあるかを本人は決して見ることができない。同僚の誰かがあなたをおとしいれんと讒言したかもしれぬ。それで一生浮かばれないのかもしれぬ。すべてはこのファイルの中にある。この袋そのものは街の文房具店で買うことが出来るが。

Part 2

おつきあいに活躍する

39

何のお茶にしますか。

你要喝什么茶?

ニー ヤオ ホー シェンマ チャー
你 要 喝 什么 茶?
Nǐ yào hē shénme chá?

ウォー ヤオ ホー ウーロん チャー
我 要 喝 乌龙茶. （ウーロン茶が飲みたいです）
Wǒ yào hē wūlóngchá.

Point 種類はなに？

"乌龙茶" wūlóngchá, "绿茶" lǜchá, "红茶" hóngcháなど, 中国のお茶にはいろいろな種類があります。"什么茶" shénme cháはそんなお茶の種類をたずねています。"什么○○" の○○に名詞を入れて "什么菜" shénme cài (どんな料理), "什么水果" shénme shuǐguǒ (どんな果物), "什么东西" shénme dōngxi (どんなもの) のように使います。人に対しても使えます。"他 是什么人？" Tā shì shénme rénなら、「あいつはどんな人→あいつは何者だ」となります。「どんな？」「何の？」と種類が聞きたいときに使えるフレーズです。

注意！ 「どんな料理にしますか？」や「どんな果物にしますか？」の場合は "你要吃什么菜？" nǐ yào chī shénme cài? 你要吃什么水果？ nǐ yào chī shénme shuǐguǒ?のように名詞の部分をかえるだけではなく動詞の部分も "吃" chīなどにかわります。

P81の練習の答え 我吃饱了. Wǒ chībǎo le.

おつきあいに活躍する

応用センテンス

ニー ヤオ カン シェンマ ディエンイん
你 要 看 什么 电影?
Nǐ yào kàn shénme diànyǐng?
（どんな映画が見たいですか？）

ニー ヤオ ティん シェンマ インユエ
你 要 听 什么 音乐?
Nǐ yào tīng shénme yīnyuè?
（どんな音楽が聴きたいですか？）

ニー ヤオ マイ
你 要 买
Nǐ yào mǎi
シェンマ ドんシ
什么 东西?
shénme dōngxi?
（どんなモノを買いたいですか？）

解説
「映画を見る」は"看电影"kàn
diànyǐng、「音楽を聴く」は"听
音乐"tīng yīnyuè。

練習 言ってみよう！

A：何の点心にしますか？
B：肉まんが欲しいです。

答えはP84

Mao's collection

退休证 tuìxiūzhèng

"退休" tuìxiūとは「退職する」という意味だ。だからこ
れは「退職証明書」。退職しても身分を証明するものは
必要だ。ところで"退休"という語以外に"离休" líxiū
という言葉もある。どちらも一定の年齢に達して退職す
る、職を退くという意味だが、どう違うのか。実は"离休"

のほうは新中国成立以前に革命に参加していた幹部の退職を指す。男性60歳、
女性55歳で退職してよく、給料などは在職時のまま支給されるし、生活面の
優遇がある。国に功績のあった老幹部には特別待遇でむくいているのだ。

帰国することになりました。

我要回国了.

ウォー ヤオ ホイ グオ ラ

我 要 回国 了.
Wǒ yào huíguó le.

Point 帰国の報告

帰国間際はなにかと忙しいけれど，時間を見つけて滞在中お世話になった人たちに"我要回国了"とお別れをしたいもの。"我要回国了"の"要○○了"は「まもなく○○する」「もうすぐ○○する」と言う意味で，○○には"回国"huíguó（帰国する）などの動詞または動詞フレーズが現れます。たとえば，"下雨"xiàyǔ（雨が降る）を入れて，"要下雨了"yào xiàyǔ le（雨になりそうだ）。"上课"shàngkè（授業に出る）を入れて"要上课了"yào shàngkè le（間もなく授業がはじまる）。

練習 **言ってみよう!**

今日は雨が降りそうだ。

答えはP86

応用センテンス

ライ ブ チー ラ, ヤオ チーダオ ラ

来不及 了, 要 迟到 了!
Láibují le, yào chídào le!

（間に合わない，遅刻しそう！）

"来不及"láibujíは「間に合わない」。「間に合う」は"来得及"láidejí。"迟到"chídàoは「遅刻する」。

P83の練習の答え

A：你要吃什么点心？ Nǐ yào chī shénme diǎnxin?

B：我要吃肉包子. Wǒ yào chī ròu bāozi.

話を盛り上げる

中国人と話がはずむようになったら、中国語ユーザーとして大きく前進。フルに活用して、会話を盛り上げましょう。

你猜猜. Nǐ cāicai.
（当ててみて）

そう？

是吗?

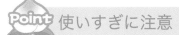

ニー チンティエン ヘン ピァオリアん

A 你 今天 很 漂亮. (今日きれいだね)
Nǐ jīntiān hěn piàoliang.

シー マ

B 是 吗?
Shì ma?

Point 使いすぎに注意

おしゃべりを盛り上げるのに欠かせない小道具が「あいづち」。あいづち好きの日本人にダントツ人気アイテムは、"是吗？"。日本語の「そう？ そうですか？」にあたり，相手の言ったことを軽く確認するときに使います。"是吗？" shì maの"是" shìを強調すると「そうなの？ 本当に？」のように「信じられない」という意味が強くなり，逆に軽く言うと確認のニュアンスが薄れます。どちらにしても"是吗？"の基本は「確認」。多用すると相手の言うことを常に確認している＝疑っている，ととられることもあるので気をつけて。

注意! "是吗？"一本やりのあいづちは単調で逆効果になりかねません。いろんなバリエーションで会話に起伏をもたせて。
"啊" à "嗯" ng…「ああ、うん」，
"这样啊" zhèyàng a…「そうなんだ」，
"是啊" shì a "对" duì "对呀" duì ya…「そう」，
"是啊，是啊" "对呀，对呀"…「そう、そう」，
"真的？" zhēn de?…「本当？」。

P84の練習の答え 今天要下雨了. Jīntiān yào xiàyǔ le.

話を盛り上げる

応用センテンス

ティん シュオ ターメン リア フェンショウ ラ シー マ
Ⓐ 听说 他们 俩 分手 了, 是 吗?
Tīngshuō tāmen liǎ fēnshǒu le, shì ma?
（あの二人別れたって聞いたんだけど，そうなの？）

ドゥイ ア ウォー イエ ガン チーダオ
Ⓑ 对 啊, 我 也 刚 知道.
Duì a, wǒ yě gāng zhīdao.
（そう，僕も知ったばかりなんだ）

解説

センテンス＋"是吗？"
"是吗？" は単独で使う以外に，センテンスの後ろに置くことも可能。"听说" tīngshuō（→P104）は「聞くところによると」。"分手"fēnshǒuは「別れる」。"听说〜,是吗？"（聞いたところによると〜だけど，そうなの？）の形で人から聞いたことを確認することができます。

練習 言ってみよう！

帰国するって聞いたけど，そうなの？
"听说〜，是吗？" を使って。

答えはP88

Mao's collection

石头图章 shítou túzhāng

ハンコにする石である。いずれも福建省産の"寿山石" shòushānshíと呼ばれるもの。最も多く産出され，最も彫りやすい印材である。玉のような硬い石だと機械彫りにするしかない。硬くて人間が彫れないのだ。すると手彫りの味がでない。芸術性はない。こちらはいずれも軟材であり，手彫りが可能である。好きな人は石をわが頬にあててほおずりする。すると人の脂がつき石の艶が増す。

ええっと…

> 这个…,
> 我两个都喜欢.

> 你到底喜欢谁呀?

ニー ダオディ シーホァンシェイ ヤ
🅐 你到底喜欢谁呀?（あなたいったいどっちが好きなのよ！）
Nǐ dàodǐ xǐhuan shéi ya?

チェイゴ ウォー リアん ゴ ドゥ シーホァン
🅑 这个…, 我 两 个 都 喜欢.
zhèige…, wǒ liǎng ge dōu xǐhuan.
（ええっと，どっちも好きなんだ）

Point つなぎの言葉

問い詰められて，言いよどんだり，しどろもどろになったときのお助けアイテムは"这个…"。"这个…"と並んで"那个…"nèige（そのう）もよく登場します。簡単なのにすぐに中国語が上達した気分になれる優れものフレーズです。"这个""那个"以外にも，いろんなつなぎの言葉を覚えておくと会話のアクセントになります。代表的なものは"我觉得…"wǒ juéde…（思うに），"怎么说呢?" zěnme shuō ne?（何と言うか），"嗯"ng（うーん）など。副詞の位置もチェック！"到底"dàodǐ（いったい），"都"dōu（いずれも）はどちらも副詞なので，動詞"喜欢"xǐhuan（好き）の前に置かれています。

注意! "这个""那个"の発音に注意。"zhège""nàge"ではなく"zhèige""nèige"。どちらもよく繰り返して使われ，早口で"这个, 这个, 这个""那个, 那个, 那个"（え〜，え〜）とまくし立てることもあります。

P87の練習の答え 听说你要回国了, 是吗? Tīngshuō nǐ yào huíguó le, shì ma?

応用センテンス

Ａ
ニーイオウ　シェンマ　カンファー
你有什么看法?
Nǐ yǒu shénme kànfa?
（君はどう思うかね）

Ｂ
ん,　チェイゴ,　ヅェンマ　シュオ　ナ
嗯，这个，怎么说呢?
Ng, zhèige, zěnme shuō ne?
（うーん，ええっと，なんというか……）

解説
外国語だとうまく言葉が出てこない
もの。そんなとき，黙り込むと場が
盛り下がってしまいます。とりあえ
ず，"这个…" "怎么说呢？"などと
なにか口に出して「考え中」をアピー
ルしましょう。そうしているうち
に，自然と言葉が続いてくるもので
す。"看法" kànfaは「見方、見解」。

練習　言ってみよう!

会議でいきなり "你觉得呢?"
Nǐ juéde ne? (あなたはどう
思う?) と振られました。つ
なぎの言葉で場を持たせて。

答えはP90

Mao's collection

折刀 zhédāo

こういうナイフは "折刀" という。男の子が持ちたが
るナイフだ。一本あれば何にでも対処できるような気
がする。キャンプや旅行によい。"大刀" dàdāo "小刀"
xiǎodāoから，"开罐头器" kāi guàntou qì（缶切り），
"开瓶器" kāipíngqì（栓抜き），"小改锥" xiǎogǎizhuī
（小ドライバー），"剪刀" jiǎndāo（はさみ），"指甲锉"
zhǐjiacuò（爪磨き），"镊子" nièzi（毛抜き，ピンセ
ット），"钻孔锥" zuānkǒngzhuī（キリ）と何でもそ
ろっている強い味方だ。これは上海製で野外でのサバ
イバルライフを思わせる色合いがいい。その下の紅い
のは "钥匙圈" yàoshiquān（キーホルダー）である。

43

CD 043

あなたは？

我要咖啡，你呢？

我要"猪排饭".

ウォー ヤオ カーフェイ， ニー ナ
Ⓐ 我 要 咖啡， 你 呢？ （僕，コーヒー。君は？）
　 Wǒ　yào　kāfēi,　　nǐ　ne?

ウォー ヤオ "チューパイファン"
Ⓑ 我 要 "猪排饭". （わたし，カツどん）
　 Wǒ　yào　"zhūpáifàn".

 聞き上手になろう

聞き上手は話し上手。自分のことばかり話していないで，ちゃんと周りに話を振る気遣いもたまには必要です。"你呢？"は話を相手に振るときに便利なフレーズ。文脈によって意味が決まるのがポイントです。ここでは"我要咖啡"の後に言っているので「あなたは何にする？」という意味になります。

"你呢？" nǐ neの"呢" neはとても便利。"○○呢？"の形で○○に名詞フレーズが入り，「○○は？」と聞く事ができます。"明天呢？" míngtiān ne?というと「明日は？→明日の都合はどう？」になります。

注意! 前置きなしにいきなり「名詞＋"呢"」と言われたら，「所在、どこにあるか／いるか」を聞いています。"她呢？" tā ne?は「彼女は（どこ）？」という意味。

ニー マーマ ナ
你 妈妈 呢？
Nǐ māma ne?
（お母さんはどこ？）

ニー ダ シンリーナ
你 的 行李 呢？
Nǐ de xíngli ne?
（あなたの荷物はどこ？）

P89の練習の答え 嗯，这个…（那个…），怎么说呢？ Ng, zhèige…（nèige…），zěnme shuō ne?

応用センテンス

A チェイゴ　ドゥオシャオ　チエン
这个 多少 钱? （これいくら？）
Zhèige　duōshao　qián?

B ウーシー　クァイ　チエン
50 块 钱. （50元）
Wǔshí kuài　qián.

A ナー　チェイゴ　ナ
那, 这个 呢?
Nà,　zhèige　ne?
（じゃあ，これは？）

練習 言ってみよう!

あれ？　財布は？

答えはP92

解説

中国でのショッピングは，値段のリサーチが大切。確認するために何度も"这个多少钱?"と繰り返して聞くのはとても面倒。一度"这个多少钱?"と聞いた後に，"呢" neを用いて"这个呢?"zhèige ne「これは（いくらですか）？」と言えばラクできます！

Mao's collection

茶 chá

後ろにあるのは言わずと知れた"乌龙茶" wūlóngcháの「鉄観音」だ。手前が変わりだねの"沱茶" tuócháで円錐形に固めた茶。こういうタイプのお茶は"紧压茶" jǐnyācháと呼ばれる。雲南や四川で作られる。これは有名な雲南下関の"沱茶"。北京の人は"茉莉花茶" mòlihuāchá（ジャスミン茶）が好きだが，南方の人は"绿茶" lùcháを好んで飲む。

44

CD 044

当ててみて。

> 你猜猜.

ニー ドゥオ ダー ラ

A 你 多 大 了?　（君何歳？）
Nǐ duō dà le?

ニー ツァイ ツァイ

B 你 猜猜.
　 Nǐ cāicai.

 Point "你猜猜" で楽しんで

ざっくばらんで人懐っこい中国人。初対面でいきなり「どこから来たの？　何歳？　結婚しているの？　子どもは？」と矢つぎばやにプライベートな質問が飛んでくることは珍しくありません。質問攻撃をうまくかわす裏技は、"你猜猜"（当ててみて）。"猜" cāiは「当てる、推量する」、"你猜" nǐ cāiだけでもOKですが、"猜猜" cāicaiと動詞を繰り返すと口調が柔らかくなります。"一下" yíxià（ちょっと）を使って"你猜一下" nǐ cāi yíxiàとしても可。

注意! "你多大了？" nǐ duō dà le?（年齢は？）(→P110) の問いに"你猜猜"と返すと，相手は「う～ん」と真剣に悩んで"三十多吧" sānshí duō ba（30歳くらい），"不到五十吧" bú dào wǔshí（50前でしょう）などと言ってきます。素直に"你猜对了" nǐ cāi duì leと認めても，笑って"保密" bǎomì（ヒ・ミ・ツ）とごまかしてもOK。要はコミュニケーションを楽しむことです。

92 **P91の練習の答え** 诶？我的钱包呢？　Éi?Wǒ de qiánbāo ne?

応用センテンス

（友人同士の会話）

A 这个 多少 钱? （これいくら？）
　チェイゴ　ドゥオシャオチエン
　Zhèige　duōshao　qián?

B 你 猜猜. （当ててみて）
　ニー　ツァイツァイ
　Nǐ　cāicai.

解説

中国人は値段交渉が上手。それはよくお互いに「これいくら？」と情報交換をしているからかもしれません。日本ではよほど親しくなければタブーとされるお金の話ですが，中国では盛り上がる話題の一つです。もちろん安くゲットしたと自慢するのです。

練習 言ってみよう！

「あなたなに人？」と聞かれたら…「当ててみて」と言ってみましょう。

答えはP94

Mao's collection

工作证 gōngzuòzhèng, 学生证 xuéshēngzhèng

"工作证"は仕事をしている人が持っている証明書だ。"工作" gōngzuòが「仕事」という意味だ。"学生证"は「学生証」。身分証明書を見せなさいというときには"身份证" shēnfenzhèngと言えばよい。"你的身份证呢?" Nǐ de shēnfen zhèng ne?（君の身分証明書は？）のように。ちなみに，こういうケースは街の文具店などで買うことができる。

45

CD
045

早く教えてよ。

快告诉我.

クアイ　ガオス　ウォー
快 告诉 我.
Kuài　gàosu　wǒ.

Point 日本語にまどわされないで

"告诉" gàosu（伝える、知らせる）は日本人が苦手な動詞の一つです。「教える」という日本語にまどわされると「教える＝"教" jiāo」につられて"快教我" kuài jiāo wǒ としてしまいがち。この場合の「教える」は「伝える、知らせる」という意味であることを考えて"告诉"を使うのが正解。また誰に情報を伝えるかも大事な要素です。日本語にはない"快告诉我"「私に」を入れることも忘れないで。

注意! "快" kuài ＋動詞フレーズで「早く〜して」。文末に"吧" ba をつけて"快告诉我吧!" kuài gàosu wǒ ba! とすると語調が和らぎます。
快过来! Kuài guòlai!
早く来なさい！
快走吧! Kuài zǒu ba!
早く行こうよ！

94

P93の練習の答え 你猜猜。　Nǐ cāicai.

応用センテンス

ガオス　ニーメン　イー　ゴ　ハオ　シァオシ
告诉 你们 一 个 好 消息.
Gàosu　nǐmen　yí　ge　hǎo　xiāoxi.
（よい知らせを教えてあげよう）

ガオス　ウォー　ニー　ダ　ディエンホア　ハオマー
告诉 我 你 的 电话 号码.
Gàosu　wǒ　nǐ　de　diànhuà　hàomǎ.
（電話番号教えてよ）

解説

"告诉" のもう一つのポイントは二重目的語を取ること。"告诉"＋「人」＋「情報の内容」の順で現れます。日本語では「電話番号教えてよ」ですが, 中国語では"你的电话号码"（あなたの電話番号）となることに注意。

練習 言ってみよう!

Eメールアドレス教えてよ。
＊メールアドレスは "邮箱地址"
yóuxiāng dìzhǐ.

答えはP96

Mao's collection

相声磁带 xiàngsheng cídài

わたしはお笑いが好きで, 昔よく中国の漫才を聞いた。"相声" xiàngshengという。カセットテープで売っていた。2人でやるのを "对口相声" duìkǒu xiàngsheng, 1人でやるのは "单口相声" dānkǒu xiàngshengと言う。日本の落語のようにひいき筋というのがある。私は "冯巩" Féng Gǒngや "侯宝林" Hóu Bǎolínのをよく聞いた。写真の "马季" Mǎ Jìもわかりやすい話をする人だ。

たいてい夜, 床についてから電気を消して寝る前に聞く。イヤホンで聞くが, なにしろお笑いである。突如暗闇をつんざき笑い声が我が家に響き渡ることしばしばであった。

やった！

太好了！

タイ ハオ ラ

太好了！

Tài hǎo le.

 Point 喜びの表現

喜怒哀楽を表現するのも話を盛り上げるテクの一つ。「喜」の表現として使い回しがきくのが"太好了"。意外な幸運に恵まれて「やった～，ワーイ！」と思わず飛びあがって喜んだり，「よかった」とほっと安心したり，使える場面はいろいろです。"太"tài（とても～だ）は程度が高いことを表す副詞。"太○○了"の形で，○○には普通「好ましい」意味の形容詞が入ります。"棒"bàng（すぐれている，立派だ）を入れて"太棒了"tài bàng leは「すごい！」。人をほめる時に使います。"帅"shuài（かっこいい）を入れて"太帅了"tài shuài le（かっこいい！）。文末の"了"leを忘れないで。

 注意! "太○○了"は「あまりに○○すぎる」という意味もあります。この場合文末の"了"は省略可能です。
东西太多（了）．Dōngxi tài duō(le)．(物が多すぎるよ)
这衣服太大（了），能换小点儿的吗？ Zhè yīfu tài dà（le），néng huàn xiǎo diǎnr de ma?（この服大きすぎます。小さいのに換えてもらえますか）

応用センテンス

ウォー　チン　ニー　チー　ファン
A 我 请 你 吃 饭.
Wǒ qǐng nǐ chī fan.
（食事をおごるよ）

タイ　ハオ　ラ
B 太 好 了!
Tài hǎo le.
（やった！）

解説

「食事をおごるよ」と言われて"太好了！"。「やった！ラッキー」という感じです。

練習　言ってみよう!

この服小さすぎます。

答えはP98

Mao's collection

万金油 wànjīnyóu

タイガーバームという何にでも効く薬があるが，これはその液体版のようなものである。ともかくあらゆる痛みに効くという。歯痛，頭痛，腹痛，切り傷，虫さされなんでもOKである。"万金油" wànjīnyóuの名のいわれである。この箱のデザインがまた何とも香港らしくうれしい。薬屋さんにはこの手のものがずらりと並んでいて壮観である。小さいのもある。同じような効能が書いてあるが，名は"萬應 白花油" wànyìng báihuāyóu とある。"萬應" wànyìngとは「あらゆる求めに応じられる」とのことであろう。大陸のほうでは"清涼油" qīngliángyóuというのがある。小さくて安くてお土産に良い。ところで"万金油" のほうは「あいつは"万金油"だ」つまり「あいつは何でも屋だ」などと揶揄的につかわれることがある。

47

CD 047

おいしい！

真好吃！

ヂェン ハオ チー
真 好吃!
Zhēn　hǎochī!

 Point 食いしん坊の必須単語

北京ダック，上海蟹，ショウロンポー，飲茶。本場の中国料理を口にしたら，中国語ができなくても，おもわず「おいしい」と中国語で言いたくなります。"好吃"hǎochī（おいしい）の "吃" chīは「食べる」と言う意味の動詞。ビールなどを飲んで「おいしい」と言いたいときは，"喝" hēに替えて "好喝" hǎohē「（飲んで）おいしい」。日本語ではどちらも「おいしい」だけど，中国語では食べておいしいのか，飲んでおいしいのか言い分けることがポイントです。副詞の"真"zhēn（本当に）をつけると，"真好吃"zhēn hǎochī「本当においしい！」とより感情をこめることができます。

注意! "好吃""好喝"のような「"好"＋動詞」の形の単語を一緒に覚えましょう。
"好看" hǎokàn
「（見て）きれい」
"好听" hǎotīng
「（聞いて）きれい，音が美しい」
"好闻" hǎowén
「いいにおい」

P97の練習の答え 这衣服太小了. Zhè yīfu tài xiǎo le.

98

応用センテンス

"真○○"の○○にいろいろな形容詞を入れて「本当に○○！」と言ってみましょう。

チェン イオウ イース
🍑 **真 有 意 思!**
Zhēn yǒu yìsi!
（おもしろい！）

チェン ピァオリアン
🍑 **真 漂 亮!**
Zhēn piàoliang!
（きれい！）

チェン コー アイ
🍑 **真 可 爱!**
Zhēn kě'ài!
（かわいい！）

解説

"有意思" yǒu yìsi（おもしろい），"可爱" kě'ài（かわいい），"漂亮" piàoliang（きれい，美しい）。

練習　言ってみよう！

チャイナドレスを着た友人に「きれい！」と言ってみましょう。

答えはP100

Mao's collection

日历 rìlì

日めくりである。"日历"と言う。なつかしい。一日一枚紙を破ってゆく。月ごとのそれは"月历" yuèlìという。中国の日めくりは現在はもちろん陽暦だが，陰暦も載っている。陽暦は"阳历" yánglì,陰暦は"阴历" yīnlìという。これは2000年の日めくりで，2月5日が春節，つまり旧正月だった。土曜日（"星期六" xīngqīliù）なのに赤く祝日になっているのはそのためだ。もう一つは5月5日で"立夏" lìxiàだ。このような24節気もでている。結婚とか引っ越しとか家を建てるとかの大行事のときはいつがよいかと「大安吉日」を探す。中国語では"黄道吉日" huángdào jírìという。

ばかなこと言って！

ニー シー ブシー カンシャンター ラ

A 你 是 不 是 看 上 他 了？ （彼のこと気に入ったんじゃないの？）
Nǐ shìbushì kànshang tā le?

シア シュオ

B 瞎说！
Xiāshuō!

Point 使う相手に注意

「目」に「害」と書いて"瞎" xiā。これはもともと「失明する、目が見えない」ですが，副詞として使われると「根拠もなく、でたらめに」という意味になります。"瞎说！"は「でたらめに言う→ばかなことを言って！」。相手の言ったことを完全に否定するのに用います。語気が比較的強いので使う相手には十分注意しましょう。"瞎说！" xiāshuō!の"瞎" xiāを"胡" hú（でたらめに）や"乱" luàn（いいかげんに、むやみに）に替えて"胡说！"húshuō!"乱说！" luànshuō!としても同じ意味です。

注意! "是不是～？"は「～なんでしょ？」「～じゃないの？」と確認するときに使います。
他是不是病了？
Tā shìbushì bìng le?（彼は病気になったんじゃないの？）
你是不是记错了？
Nǐ shìbushì jìcuò le?（君の記憶違いじゃない？）

P99の練習の答え 真漂亮．真好看．Zhēn piàoliang .Zhēn hǎokàn.

応用センテンス

"瞎○○"の○○にいろいろな動詞を入れてみよう。

🍑 瞎 跑
シア　パオ
xiā　pǎo.
（あちこち駆け回る）

🍑 瞎 担心
シア　ダンシン
xiā　dānxīn.
（むやみに心配する）

🍑 瞎 看
シア　カン
xiā　kàn.
（いいかげんに見る）

🍑 瞎 写
シア　シエ
xiā　xiě.
（いいかげんに書く）

★"跑" pǎo（走る），"担心" dānxīn
（心配する）。

練習　言ってみよう！

走り回っちゃだめよ。
＊「だめよ」は"别" biéを使って。

答えはP102

Mao's collection

共产党员章 gòngchǎndǎng yuánzhāng

共産党員であることを示すバッジ。1個5元ぐ
らいで売っている。こんな簡単に手に入ってい
いものかと思うが，実際にこれをつけている大
人に出会ったことは無い。バッジをつけている
かどうかで共産党員かどうかを見分けるもので
もあるまい。正式な党員証明は"党证"
dǎngzhèngによってなされる。これは"学生证"
xuéshēngzhèngとおなじく一種の証明書であ
る。"国徽" guóhuīも共産党員のバッジもお土
産やさんで「北京土産」として売っていた。一
方，"少年先锋队" shàonián xiānfēngduì（少
年先鋒隊）のバッジなどは実際に胸につけるよ
うだ。

101

いいよ。

我们一块儿去看电影吧.

好啊!

ウォーメン イークアイル チュイ カン ディエンイん バ

Ⓐ 我们 一块儿 去 看 电影 吧.（一緒に映画見に行こうよ）
　 Wǒmen　yíkuàir　　qù　kàn diànyǐng ba.

ハオ　ア

Ⓑ 好啊!
　 Hǎo　a!

Point フレンドリーな "好啊!"

"好啊!" は「いいよ！」と気軽に申し出を受けるときの言葉。デートや遊びの誘いにOK！とフレンドリーに応じる感覚です。非常に軽いノリなので、会社などパブリックな場面では "啊" aをつけず、一字で "好" hǎoと答えるほうがよりフォーマルになります。"好的" hǎo de "好吧" hǎo baなどもよく使われ、語気は "好" hǎo→"好吧" hǎo ba→"好的" hǎo de→"好啊" hǎo aの順で軽くなります。

注意! "吧" baは文末について語気を和らげる助詞。人を誘うときに良く使います。
我们 走 吧. Wǒmen zǒu ba.（さあ、行きましょう）
我们 一块儿 去 喝 酒 吧.
Wǒmen yíkuàir qù hē jiǔ ba.（今日一緒に一杯飲みに行こうよ）

P101の練習の答え 别瞎跑. Bié xiāpǎo.

102

応用センテンス

（オフィスにて，上司に頼まれる）

ニー　バン　ウォー　フーイン　イーシア

A 你 帮 我 复印 一下.

Nǐ bāng wǒ fùyìn yíxià.

（コピーしてくれる）

ハオ

B 好.（いいですよ）

Hǎo.

解説

何かを頼まれて承知する場合にも“好”を使うことができます。“帮我○○”は「○○してください」。“复印”fùyìnは「コピーする」。オフィスなどでは“好”を使ったほうが無難です。

練習　言ってみよう！

友人に「明日三時に会おう」と言われました。OK!と答えましょう。

答えはP104

Mao's collection

鸡血石 jīxuèshí

これは鶏の血を思わせるような真っ赤な色が含まれている石である。その名も“鸡血石”という。浙江省昌化玉岩山に産し，寿山石の“田黄”tiánhuáng,“芙蓉”fúróngとともに“印石三宝”yìnshí sānbǎoと称される。“鸡血石”の採掘は明代に始まったとされ，清代には康熙，乾隆，嘉慶の皇帝に珍重された。1970年代，日中国交正常化の際に中国を訪れた当時の田中角栄首相，大平正芳外相に周恩来首相はこの“鸡血石”を一対ずつ贈り国礼とした。私は昔買ったので50元ぐらいだった。80年ごろはまだ鶏血石も安かったのである。最近は模造品も出てくるようになった。私は相原茂と縦に彫ってときどきこの印を使っている。

50

CD 050

聞いたことない。

没听说过.

おいしいんだよ

メイ ティん シュオ グオ
没 听说过.

Méi　　　tīngshuōguo.

 Point "听说" の構造

"听说" tīngshuōのもともとの構造は "听别人说" tīng biéren shuō（他人が話しているのを聞く）なので、"听说" は「（人が言っているのを）耳にしている、聞いている」という意味。後に経験を表す "过" guoを伴って "听说过" tīngshuōguo（聞いたことがある）、"没" méiで否定すると "没听说过" méi tīngshuōguo「聞いたことがない」となります。「全く聞いたことない」は "从来" cónglái（いままで〜ない）を用いて "从来没听说过" cónglái méi tīngshuōguo（全く聞いたことがない）。

 注意! "听说" は「（他人から）聞く」の意味であることに注意。「このＣＤ聴いたことある？」とたずねるのであれば "这盘ＣＤ你听过吗?" Zhè pán CD nǐ tīngguo ma?のように "听说" ではなく "听" tīng を使います。

P103の練習の答え　"好啊!" Hǎo a!

応用センテンス

ティンシュオ ター イーヂン ホイグオ ラ
听说他已经回国了.
Tīngshuō tā yǐjing huíguó le.
（彼もう帰国したって聞いたんだけど）

ウォー ティン ター シュオ ニー ビン ラ
我听她说你病了.
Wǒ tīng tā shuō nǐ bìng le.
（彼女からあなたが病気したって聞いたんだけど）

解説

"听说"は文頭に用いることも可能。後には"他已经回国了""你病了"のように他人から聞いた話の内容を示すセンテンスを伴います。誰から聞いたか具体的に示したいときは"听她说" tīng tā shuōのように"听"tīngと"说"shuōの間に。

練習 言ってみよう!

"你知道这件事吗?" Nǐ zhīdao zhèi jiàn shì ma?と聞かれて「まったく聞いたことないな〜」

答えはP106

Mao's collection

连环画 liánhuánhuà

中国で漫画といえばこれである。写実的な絵に，文字による説明文がついている。日本のコマ割り漫画とは違って，はげしい動きや漫画独特の誇張はない。私が学生時代，1960年代の頃にはたくさん出ていたが最近はむしろリバイバルの動きがある。復刻版が出て，昔をなつかしむ人が購入するようだ。教育によいと子供に買い与える親も多いとのこと。小説などの名作もよく連環画になった。"小人书" xiǎorénshūとも言う。

すごい！

真厉害！

チェン　リーハイ
真 厉 害!
Zhēn　　lìhai!

Point “厉害” の二面性

“厉害” lìhaiのもともとの意味は「程度が甚だしい」。よいほうに程度が甚だしいときは「(能力が高くて) すごい」ですが，悪いほうに甚だしいときは「激しい、ひどい、きつい、恐ろしい」という意味になります。たとえば，

我们老板很厉害,会说好几种语言. Wǒmen lǎobǎn hěn lìhai,huì shuō haojǐ zhǒng yǔyán. (うちの社長はすごい。何ヶ国語も話すことができる)

我们老板很厉害,谁都不敢不听他的话. Wǒmen lǎobǎn hěn lìhai,shéi dōu bù gǎn bù tīng tā de huà. (うちの社長はとても怖いので，みんな言うことを聞かないわけにはいかない)

どちらの意味で使われるかは文脈で判断して！

注意! 中国語で「すごい」は色々な言い方があります。
「(能力・成績などが) すごい」
“真棒！” Zhēn bàng!
「(能力がある、有能で) すごい」
“真行！” Zhēn xíng!
「簡単ではない→すごい」
“不简单！” Bù jiǎndān!
“不容易！” Bù róngyì!
「大したものだ→すごい」
“了不起！” Liǎobuqǐ!
「程度が甚だしい→すごい」
“了不得！” Liǎobude!
人をほめる言葉はいくつも覚えておきたいものです。

P105の練習の答え “我从来没听说过.” Wǒ cónglái méi tīngshuōguo.

話を盛り上げる

応用センテンス

ター ダ ヅイ ヘン リーハイ, シェイ イエ シュオブグオ ター
她的嘴很厉害，谁也说不过她.
Tā de zuǐ hěn lìhai, shéi yě shuōbuguò tā.
（彼女は口が立つので，誰も彼女を言い負かすことができない）

ドゥーツ トンダ リーハイ
肚子疼得厉害.
Dùzi téngde lìhai.
（お腹が激しく痛む）

解説

"嘴厉害" zuǐ lìhaiは「口がすごい」。よいほうにすごいなら「口が立つ」。悪いほうにすごいなら「口が悪い、物言いがきつい」。ここでは "说不过" shuōbuguò（言い負かすことができない）と言っているので「口が立つ」。"肚子" dùziは「お腹」。動詞／形容詞＋"得厉害" de lìhaiで程度の甚だしさを表します。"疼得厉害" téngde lìhaiは「痛さの程度が甚だしい→すごく痛い」。"热得厉害" rède lìhaiなら「すごく暑い」。

練習 訳してみよう！

"他妻子很厉害" tā qīzi hěn lìhaiを日本語に訳すと？

答えはP108

Mao's collection

信笺 xìnjiān　信封 xìnfēng

一面に絵が描かれているが，これで "信笺"（便せん）である。唐辛子や白菜や桃である。むろん本物ではない。木版水印という技法で北京の "琉璃厂" Liúlichǎngという骨董街にある有名な "荣宝斋" Róngbǎozhāiが売り出したもの。しかしこういう便せんで墨痕麗々しく書簡が到来したら困るだろうな。そう思うから，これを使って人に手紙を出すことは控えている。手前の "信封"（封筒）は何の変哲もないありきたりのもの。

52

まさか！

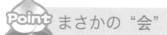
ティンシュオ ター イーチェン ダン モートル

Ⓐ 听说 她 以前 当 模特儿.（あの人，前モデルだったんだって）
Tīngshuō tā yīqián dāng mótèr.

ブー ホイ バ

Ⓑ 不会吧！
Bú huì ba!

Point まさかの "会"

"不会吧！" bú huì ba!は「まさか！そんなはず
はない！」と信じられない意外な気持ちを表現し
ます。この表現のポイントは "会" huìが「できる」
ではなく、「〜のはずだ、〜だろう」の意味で使
われているところ。したがって "不会吧"「起こ
りえないだろう→まさか、ありえない」となりま
す。"不" bùの変調（→P148）に注意。"不会吧"
の "会" huìは第4声なので "不" bùは第2声に
変調して "不会吧" bú huì baとなります。

注意! "会" には①習得して
「できる」、②可能性が
ある「〜のはずだ」という二つ
の意味があります。どちらも良
く使うので完璧にマスターしま
しょう。

他 会 说 中 文. Tā huì shuō
Zhōngwén.（彼は中国語がで
きる）

现在她会在宿舍. Xiànzài tā huì
zài sùshè.（彼女は今寮にいる
はずだ）

P107の練習の答え ①彼の奥さんはやり手だ。②彼の奥さんは怖い。

ター　ベイ　ラオバン　チャオ　イオウユィ　ラ

A 他 被 老板 炒 鱿鱼 了.

Tā　bèi　lǎobǎn　chǎo　yóuyú　le.

（彼社長に首にされたんだって）

ツェンマ　ホイ　ナ

B 怎么 会 呢?

Zěnme　huì　ne?

（そんなばかな！）

解説

さらに意外感を強めたいときは "怎么" zěnme「どうして，なぜ」を使って "怎么会呢?" zěnme huì ne?。反語表現で「どうしてそんなことがありうるか→そんなことはありえない＝まさか，そんなばかな」という意味です。"炒鱿鱼" chǎo yóuyú は「首にする」。

練習 訳してみよう!

"会" の意味に気をつけて日本語に訳しましょう。
"这事儿他不会不知道."
Zhè shìr tā bú huì bù zhīdào.

答えはP110

Mao's collection

养虫盒 yǎngchónghé

これはどちらも虫を飼っておく容れ物である。金属製のほうはガラスが手前に張ってあり，中が見えるようになっている。上に福の字が見えるがこれも網状になっていて空気が流通する仕組みだ。中に鈴虫など鳴く虫を飼う。鳴き声がよく聞こえる造りになっている。もう一つのは紫檀製で，マッチ箱ぐらいの大きさがあり，これには毛沢東の顔が彫ってある。やはりガラス窓があり，空気穴もある。ほぞが寸部の狂いなく合うよう精巧に作られている。中国にはこういうところに情熱をそそぐ伝統がある。私は「暇つぶしの芸術」と呼んでいるが，こういう素地のある国民はすばらしい潜在力を持つ。

Part 3　話を盛り上げる

53

CD 053

なに年生まれですか?

ニー シュー シェンマ

A 你属什么?
Nǐ shǔ shénme?

ウォー シュー トゥー

B 我 属 兔. （うさぎ年生まれです）
Wǒ shǔ tù.

 うさぎ年ってことは……

"属" shǔ は「〜年生まれだ」という動詞
です。"我属○○"の○○の部分に自分の
干支を入れて "我属兔" wǒ shǔ tù（うさ
ぎ年生まれです）のように答えます。同じ
文化を共有しているのでこんな表現が使え
ます。干支から年齢がわかるので年を聞き
たいときにも使えます。

注意! 12支を覚えましょう。なお、
中国では「いのしし」ではな
く「ぶた」です。干支のイラストや置
き物などみんなぶたです。

鼠shǔ	ねずみ	牛niú	うし
虎hǔ	とら	兔tù	うさぎ
龙lóng	たつ	蛇shé	へび
马mǎ	うま	羊yáng	ひつじ
猴hóu	さる	鸡jī	とり
狗gǒu	いぬ	猪zhū	ぶた

P109の練習の答え この件を彼が知らないはずはない。

応用センテンス

A ニー　シー　ナーニエン　チューショん　ダ
你是哪年出生的?
Nǐ shì nǎ nián chūshēng de?
（あなたは何年生まれですか）

B ウォー　シー　イー　ヂウ　チー　ウー　ニエン　チューショん　ダ
我是一九七五年出生的.
Wǒ shì yī jiǔ qī wǔ nián chūshēng de.
（1975年生まれです）

★干支ではなく西暦何年に生まれたのかたずねる言い方です。

A ニー　シー　シェンマ　シュエシん
你是什么血型?
Nǐ shì shénme xuèxíng?
（血液型はなに型？）

B ウォー　シー　エー　シん
我是Ａ型.
Wǒ shì A xíng.
（Ａ型です）

★血液型も聞いてみよう！

A：あなたのお母さん
　なに年生まれ？
B：いのしし年生まれ
　です。

答えはP112

Mao's collection

菜单 càidān

レストランで食事をする。外国人にとっては料理を注文するのが一仕事だ。一つひとつの料理の名前もむずかしいし，全体のバランスも考えて "点菜" diǎncài（注文）しなくてはならない。大きく分ければ "冷盘" lěngpán（オードブル），"热炒" rèchǎo（炒め物），"海鲜" hǎixiān（海鮮もの），"主食" zhǔshí（主食，ご飯や麺類），"点心" diǎnxīn（デザート），"酒水" jiǔshuǐ（飲み物）になる。

こんなことなら前もってメニューを研究しておけたらと思う。そこで私はよくメニューを持ち帰る。これは香港の飲茶のメニューだ。メニューのことは "菜谱" càipǔ ともいう。

111

乾杯！

干杯！

ガン　ベイ
干杯！
Gānbēi!

Point 日中「乾杯」比較

日本の「乾杯！」と中国の"干杯！"。言葉はよく似ていますが、乾杯の仕方に文化の差が表れます。日本の「乾杯」は宴会や食事のスタートの合図。最初にカチン！と一回やったら終わりですが、中国語の"干杯！"は文字どおり「杯を干す＝一気に飲み干す」こと。そのうえ、宴会中ことあるごとに"干杯！""干杯！"と繰り返されるので、油断していると何度も一気させられる羽目に！お酒が苦手な人は"我干不了" wǒ gānbuliǎo（全部飲めません）と断って、無理しないように。

注意！ あれにも乾杯，これにも乾杯と思いついたことをどんどん口にして盛り上がるのが中国式。何に乾杯するのか音頭を取るとき，"为" wèi（～のために）を使って"为○○干杯！"（○○に乾杯！）と言います。○○には名詞フレーズを入れて。
为我们的友谊干杯！ Wèi wǒmen de yǒuyì gānbēi!（私たちの友情に乾杯！）
为我们的合作干杯！ Wèi wǒmen de hézuò gānbēi!（私たちの共同事業のために乾杯！）

P111の練習の答え
A：你妈妈属什么？ Nǐ māma shǔ shénme?
B：我妈妈属猪． Wǒ māma shǔ zhū.

応用センテンス

お酒の席で交わされる会話をチェックしよう！

🗣 ライ, ウォーメン リア ガン イー ベイ
来，我们俩干一杯.
Lái, wǒmen liǎ gān yì bēi.
（さあ，飲み干しましょう）

🗣 ウェイ ダーヂア ダ ヂエンカん ガン ベイ
为大家的健康干杯!
Wèi dàjiā de jiànkāng gānbēi!
（みんなの健康に乾杯！）

解説

"来" láiは「さあ」。"干杯"の間に"一" yīを
入れて，"干一杯"（一杯飲み干す）。
"大家的健康"は「みんなの健康」。

"来, 我们俩干一杯."
Lái,wǒmen liǎ gān
yì bēi.（さあ，飲
み干しましょう）
と言われて断るに
は。

答えはP114

Mao's collection

挖耳勺 wā'ěrsháo

吉行淳之介という作家が「自分が死んだ
ら，鎖骨で耳かきを数本作る。それをか
ねて懇意だった女たちに配ってもらう。
女たちは耳そうじをしながら，目をほそ
め，きもちのいい顔をして故人をしのぶ」
というようなことをどこかに書いていた
のを覚えている。これは中国製で下のは
象牙（？），上のは水牛の角で作ったもの
だ。江南の地で水田を耕していた水牛が
老いて死んだ。しかしその角は"挖耳勺"
になり，日本に渡った。水牛の角は私は
その透明感が好きで，"鞋拔子"xiébázi（靴
べら）も愛用している。ちなみに「耳を
掘る」は"掏耳朵" tāo ěrduoと言う。

55

CD 055

じゃあ……

那，我先走了！

ナー， ウォー シエン ヅォウ ラ

那，我先走了！ （じゃあ，お先に失礼します）

Nà, wǒ xiān zǒu le!

Point 優れものの "那"

"那" nà（あれ）は中国語の基本単語ですが，応用の幅が広く「それでは、じゃあ」という意味の接続詞として使うことができる優れもの。おしゃべりが途切れた一瞬を見計らって "那" と言えば，スムーズに "我先走了"（お先に）と切り出すことができます。"那" の代わりに "那么" nàmeと言ってもOK。

練習 言ってみよう！

じゃ，また明日！

答えはP115

応用センテンス

〈電話で〉

ナー　ヂウ　ヂェイヤン

A 那 就 这样. （じゃあ，そういうことで）

Nà jiù zhèiyàng.

ハオ ダ　ヅァンメン ヅァイ リエンシー

B 好的，咱们 再 联系! （わかりました。また連絡します）

Hǎo de, zánmen zài liánxì!

★電話を切るタイミングはなかなか難しい。"那" の後に続けて "就这样"（そういうことで）と言うと，スムーズに電話を切ることができます。"咱们再联系"「また連絡します」も別れ際に良く使う表現です。

114

P113の練習の答え 我干不了. Wǒ gànbuliǎo.

56

CD 056

不知道.

わかりません。

Part 3 話を盛り上げる

ブー ヂーダオ
不 知道.
Bù zhīdào.

Point "不知道" でトラブル回避

普段は100%聞き取れなくても「ふん，ふん」と聞き流してもいいけど，肝心な場面では，わかったふりをせずきちんと「わかりません」「知りません」と言わないとトラブルの元です。"知道" zhīdaoは「（知識や情報として）知っている」という意味の動詞。否定は "不" bùを用いて "不知道" bù zhīdào。もう一つの否定辞 "没" méiは使わないので気をつけて。

練習 言ってみよう！

承知しました。

答えはP116

注意! 人から通知を受けて「承知しました、わかりました」と言うときは。
"知道了" zhīdao le.
明天早上七点在大厅集合．－知道了.
Míngtiān zǎoshang qī diǎn zài dàtīng jíhé.－Zhīdao le. (明日の朝7時にロビーに集合してください－わかりました)

応用センテンス

チンウェン， ダオ ベイヂンヂャン ヅェンマ ヅォウ
Ⓐ 请问， 到 北京站 怎么 走?
Qǐngwèn, dào Běijīngzhàn zěnme zǒu?
（すみません，北京駅にはどう行けばいいですか）

ドゥイブチー， ウォーブー ヂーダオ
Ⓑ 对不起， 我 不 知道.
Duìbuqǐ, wǒ bù zhīdào.
（ごめんなさい，わかりません）
★"我不知道" と言うだけでは，つっけんどんな感じがするので，前に "对不起" duìbuqǐと言ったほうがベター。

P114の練習の答え 那明天见！ Nà míngtiān jiàn!

115

57

アンコール！

再来一个！

ヅァイ ライ イー ゴ

再来一个!

Zài lái yí ge!

Point "再来一个" で盛り上げよう

中国語でカラオケは "卡拉OK" kǎlāOK。中国でも大人気！手軽に楽しめる娯楽の王様です。中国人と一緒に行くなら，十八番の歌と "再来一个！" という言葉を覚えておけば，盛り上がることうけあいです。"再" zàiは「さらに、重ねて」。"来" láiはここでは "唱" chàng（歌う）の代わりに使われています（"我来吧" wǒ lái ba→P66）。"再来一个！" は「もう一曲歌って」→「アンコール」と言う意味になります。

練習 **言ってみよう！**

スイカをもう一つください。

＊スイカは "西瓜" xīguā。

答えはP118

応用センテンス

（レストランで）

ヅァイライ イー ゴ ベイヅ

再来一个杯子.

Zài lái yí ge bēizi.

（コップをもう一つください）

★ "再来一个" は，とても応用範囲が広いフレーズ。"再来一个○○" と○○に具体的な名詞を入れれば，「○○をもう一つください」。この場合の "来" は "要" yào（ほしい）の代わりで使われています。

P115の練習の答え 知道了 zhīdao le.

Part 4

聞いてみよう!

何か聞かれて答えるばかりでは、会話は成り立ちに
くいものです。中国人のマシンガントークに飲まれ
ないためにも、どんどんこちらから質問しましょう。

这个用汉语怎么说？Zhège yòng Hànyǔ zěnme shuō?
（これ中国語でどう言うの？）

58

ここあいてる?

> 这儿有人吗?

チャール　イオウ　レン　マ
这儿 有 人 吗?
Zhèr　　yǒu　　rén　　ma?

Point 中国語では人が中心

公園のベンチで，スタジアムの観客席で，空港の待合室で。座席を確保しなければならない場面は意外に多いものです。隣に人がいたら，いきなりどすんと座らずに "这儿有人吗?" と席を指して一声かけて。日本語なら「ここ（席）あいている?」と席を中心に尋ねるところ。人が中心の中国語の発想に慣れましょう。"这儿" zhèrは「ここ」，"有人吗?" yǒu rén ma?で「人がいますか」。答え方は "没（有）人" méi (you) rén（人がいません→あいています），"有人" yǒu rén（人がいます→あいていません）。

中国語の「こ・そ・あ・ど」をまとめておきましょう。

注意! 〈r 化〉
音節の後に "儿" érが付くと r（アル）化が起こります。r 化とは発音の最後に舌をひょいと立てて r の音で終わるようにすること。ピンインでは r で表します。

近称	遠称	疑問
这zhè（これ）	那nà（あれ）	哪nǎ（どれ）
这儿zhèr（ここ）	那儿nàr（あそこ）	哪儿nǎr（どこ）

応用センテンス

イオゥレン マ

🍑 **有人吗?**

Yǒu rén ma?

いろいろな場面で使えます。

Part
4

聞いてみよう!

解説

玄関先で "有人吗？"→「ごめんく
ださい」。

お店の人がいないときの "有人
吗？"→「すみません」。「誰かいま
すか」。

トイレで個室をノックして "有人
吗？"→「入ってますか」。

先に日本語を思い浮かべると，ど
う中国語で言うか悩んでしまいま
すが，シンプルに「人がいますか」
"有人吗？" と考えます。

練習 言ってみよう！

ごめんください。

答えはP120

Mao's collection

人民币 rénmínbì

お金のことは一度現地で使ってみない
とわからない。一度扱えば一遍で理解
する。日本の円は単位が一つしかない。
昔は銭という円より下の単位があっ
た。銭の下は厘である。１銭５厘など
と言ったものだ。中国のお金はちょう
ど昔の日本の円，銭，厘と似ている。
人民元というように基本は "元" yuán
で，その下に "角" jiǎo，その下に "分"
fēnがある。ところでお札の顔は今は
毛沢東ばかりで単調である。かつては
いろいろあったのだが，どうしたこと
か。写真の２元札は少数民族が描かれている。

59

CD 059

日本に行ったことある？

你去过日本吗?

ニー　チュィグオ　リーベン　マ
你 去过 日本 吗?
Nǐ　qùguo　Rìběn　ma?

Point 経験の "过" guo

これは中国人とのおしゃべりに必ず押さえておきたい話題です。ポイントは動詞 "去" qù（行く）の後ろについている "过" guo。「～したことがある」という意味で，過去の経験を表します。"你去过东京／上海／美国吗?" nǐ qùguo Dōngjīng/Shànghǎi/Měiguó ma?（東京／上海／アメリカに行ったことありますか）のようにいろんな地名を入れて，「～に行ったことがある？」と聞いてみましょう。

注意! "你去过日本吗？" の答え方はとてもシンプル。行ったことがあるのなら "去过" qùguo。ないなら"没去过" méi qùguo。否定の "没" méiがあっても"没去过" と "过" が残ることに注意して。

P119の練習の答え 有人吗？　Yǒu rén ma?

ニー　チーグオ　リーベンツァイ　マ

A 你 吃过 日本菜 吗?

Nǐ　chīguo　Rìběncài　ma?

（日本料理を食べたことがありますか）

チーグオ

B 吃过. （あります）

Chīguo.

解説

これも盛り上がる話題の一つ。"过"の前の動詞を入れ換えると "吃过" chīguo「食べたことがある」、"看过" kànguo「見たことがある」、"买过" mǎiguo「買ったことがある」などいろいろ言うことができます。"日本菜" Rìběncài は日本料理のこと。ちなみに中国で有名な日本料理は、"生鱼片" shēngyúpiàn（刺身）、"寿司" shòusī（寿司）、"天麸罗" tiānfūluó（てんぷら）など。"日本芥末" Rìběn jièmo（わさび）好きな中国人は意外と多い。

京劇を見たことある？

＊京劇は "京剧" jīngjù。

答えはP122

Mao's collection

垫子 diànzi

"垫子" とは下に敷いたり当てがうもの。たとえば座布団とかマットとかクッションなどがそうである。はっきり言い分けるときは"坐垫" zuòdiàn（座布団）、"靠垫" kàodiàn（クッション）、"鞋垫" xiédiàn（靴の中敷き）などとする。コースターもだから "垫子" には違いないが正しくは "茶杯垫" chábēidiàn という。赤地に黒の図案はよく見かけるが "寿" shòu の字である。手前の白いコースターはハーゲンダッツのもの。

60

CD 060

彼女いるの？

你有 女朋友 吗?

ニー イオウ　ニュィぽンイオウ　マ
你有 女朋友 吗?
Nǐ　　yǒu　　nǚpéngyou　　ma?

Point 「いますか」と「ありますか」

"你有○○吗?" の○○に人を入れると「あなたに
は○○がいますか」。"你有兄弟姐妹吗?" nǐ yǒu
xiōngdìjiěmèi ma?（兄弟はいますか？）と家族構
成を尋ねるもよし，一歩踏み込んで"你有女朋友／
男朋友吗?" nǐ yǒu nǚpéngyou/nánpéngyou
ma?（恋人いるの？）と聞くもよし。○○にモノ
を入れた場合は，"你有○○吗?"「あなたは○○が
ありますか」。"你有电脑／手机／车吗?" nǐ yǒu
diànnǎo/shǒujī/chē ma?（パソコン／携帯／車
持ってる？）とモノを持っているかどうかたずねる
ことができます。中国語は「～がいますか」でも「～
がありますか」でも "有" yǒu一つですむので便利
です。

 注意! "你有○○吗?" の
答え方は"有"/"没有"
yǒu/méiyou。
"你有兄弟姐妹吗?"（兄弟い
ますか）と聞かれた場合，"有"
なら後に "我有一个哥哥和一
个弟弟" wǒ yǒu yí ge gēge
hé yí ge dìdi（兄一人と弟一
人です），"我有两个妹妹" wǒ
yǒu liǎng ge mèimei（妹が
二人います）などと答えま
す。"没有"なら"我是独生子"
wǒ shì dúshēngzǐ（一人っ
子です）などと付け加えても
OK。中国は若い人はたいて
い一人っ子ですから答えがみ
んな同じでつまりませんが。

122　**P121の練習の答え** 你看过京剧吗？　Nǐ kànguo jīngjù ma?

応用センテンス

（お茶屋さんで）

イオウ　ウーロんチャー　マ

有 乌龙茶 吗?　（ウーロン茶ありますか？）

Yǒu　wūlóngchá　ma?

（CD屋さんで）

イオウ　ドん　リージュン　ダ　シーディー　マ

有 邓 丽 君 的 ＣＤ 吗?

Yǒu　Dèng　Lìjūn　de　CD　ma?

（テレサ・テンのCDありますか？）

解説

"有○○吗？"はお買い物に重宝する構文。○○にお目当ての品物を入れて店員さんに尋ねよう。"旗袍" qípáo（チャイナドレス）や"羊绒毛衣" yángróng máoyī（カシミアのセーター）なども日本人には人気が高いアイテム。"邓丽君" Dèng Lìjūnはテレサ・テンの中国語名。ジャッキー・チェンは"成龙" Chéng Lóng。

練習　言ってみよう!

"有○○吗？"を使って聞いてみよう。

（土産物屋で）絵葉書ありますか。

答えはP124

Mao's collection

墨水 mòshuǐ

"墨水"とは「インク」である。赤インクは"红墨水" hóngmòshuǐというのだろうか。日本語でも「緑の黒板」などというが，ちょっと気持ちが悪い。日本ではもはやこういうごつい感じのインクがなくなった。いや，インク瓶そのものをめっきり見かけなくなった。インク壺にペン先を浸すこともしなくなった。少年から大人になる儀式のようなものがいくつかあるが，インク瓶にペン先を浸して文字を書いたことは誇らしい気持ちとともに忘れがたい。

61

すこし安くなりませんか。

便宜点儿 行吗?

<ruby>太<rt>タイ</rt></ruby> <ruby>贵<rt>グイ</rt></ruby> <ruby>了<rt>ラ</rt></ruby>， <ruby>便宜<rt>ピエンイ</rt></ruby> <ruby>点儿<rt>ディアル</rt></ruby> <ruby>行<rt>シン</rt></ruby> <ruby>吗<rt>マ</rt></ruby>?

太贵了， 便宜点儿 行吗?
Tài guì le, piányi diǎnr xíng ma?

（高い， すこし安くなりませんか）

 Point 値段交渉のコツ

中国の買い物の醍醐味は，値段交渉ができること。駆け引きが苦手な人でも，とりあえずだめもとでこのセリフを言ってみて！あっという間に，言い値の半額になったりすることもよくあります。交渉のコツは，自分の予想より安くても必ず"太贵了" tài guì le（→p96 "太○○了"）「高い！高すぎ！」と言うこと。それから "便宜点儿行吗?"（安くして）と交渉に入ります。"便宜点儿" piányi diǎnrは「（今の状態より）少し安くする」ということ。"行吗?" xíng ma?（いいですか）をつけると口調が和らぎます。

注意! 形容詞は "贵" guì「（値段が）高い」⇔ "便宜" piányi「（値段が）安い」など反義語のペアで覚えると便利。"太○○了，××点儿行吗?" の○○××には反義語のペアが入ります。

"大" dà（大きい）
　　　⇔"小" xiǎo（小さい）
"长" cháng（長い）
　　　⇔"短" duǎn（短い）
"脏" zāng（汚い）
⇔"干净" gānjìng（清潔である）

P123の練習の答え 有明信片吗? Yǒu míngxìnpiàn ma?

応用センテンス

"太○○了，××点儿行吗?" と交渉してみましょう。

＜タクシーで＞

タイ　クアイ　ラ　　マン　ディアル　シン　マ

太 快 了，慢 点儿 行 吗?

Tài kuài le, màn diǎnr xíng ma?

（速すぎます，すこしスピードを落としてくれませんか）

★ "快" kuài（はやい）⇔ "慢" màn（ゆっくり）。

＜レストランで＞

タイ　シエン　ラ　　ダン　ディアル　シン　マ

太 咸 了，淡 点儿 行 吗?

Tài xián le, dàn diǎnr xíng ma?

（塩辛すぎます，すこし薄味にしてくれませんか）

★ "咸" xián（塩辛い）⇔ "淡" dàn（薄味）。

解説

すべて反義語セットが使われています。たとえばマッサージ屋でなら，太 重 了，轻 点儿 行 吗? Tài zhòng le, qīng diǎnr xíng ma?（強すぎます，軽くしてくれませんか）と言えばよいですね。ここでは，"重" zhòng（重い，強い）⇔"轻" qīng（軽い）がセットです。

飛行機の出発時刻が迫っています。のんびりと運転するタクシーの運転手さんに「遅すぎます，すこし急いでくれませんか」と言ってみましょう。

答えはP126

Mao's collection

手机套 shǒujītào

"手机" shǒujīとは「携帯電話」のこと。"套" tàoとはすっぽりかぶせるもの。カバーである。"笔套" bǐtàoは「鉛筆などのキャップ」，"手套" shǒutàoなら「手袋」，"书套" shūtàoは「ブックカバー」，"枕套" zhěntàoは「枕カバー」。そして「外套（がいとう）」という語を若い人は知らないか。オーバーのことだが，中国語では "大衣" dàyīともいうが，これを日本語同様 "外套" wàitàoとも言う。外からすっぽり覆うものだ。写真の携帯カバー，中国らしいデザインで文字はやはり "寿" shòuである。

62

CD 062

なにを探しているの？

你在找
什么呢?

ニー ヅァイ ヂャオ シェンマ ナ

你在找什么呢?

Nǐ　zài　zhǎo　shénme　ne?

 進行の "在"

"在"には動詞「いる」,前置詞「～に」といろんな意味があ
りますが,ここの "在" は副詞で進行を表しています。"在
○○呢""○○しているところ"の形で,よく "呢" ne(進行
を表す助詞)とセットで用いられ,○○には "找钱包" zhǎo
qiánbāo(財布を探す)など動詞フレーズが入ります。"你
在找什么呢?" nǐ zài zhǎo shénme ne?の "找" zhǎoを他
の動詞に換えて"你在吃什么呢?"nǐ zài chī shénme ne?(何
を食べているの?),"你在写什么呢?" nǐ zài xiě shénme
ne?(何を書いているの?),"你在看什么呢?" nǐ zài kàn
shénme ne?(何を見ているの?)といろいろ応用可能。

 動詞と前置
詞の "在"
の例文を復習してお
きましょう。
動詞：我在北京.
Wǒ zài Běijīng.（私
は北京にいる）
前置詞：他在北京工
作.
Tā zài Běijīng
gōngzuò.（彼は北京
で仕事をしている）

P125の練習の答え　太慢了, 快点儿行吗?　Tài màn le, kuài diǎnr xíng ma?

応用センテンス

（電話で）

ニー　シェンヅァイ　ヅァイ　ガン　　シェンマ　　ナ
A 你 现 在 在 干 什 么 呢?
　Nǐ　xiànzài　zài　gàn　shénme　ne?
（今何をしているの？）

ウォー　ヅァイ　カン　ディエンシー　ナ
B 我 在 看 电 视 呢.
　Wǒ　zài　kàn　diànshì　ne.
（テレビ見ているところ）

解説

電話で「今何しているの？」と
聞きたいときは，動詞 "干" gàn
（する，やる）を用いて "你在干
什么呢？" nǐ zài gàn shénme
ne?（何をしているの？）。"干"
gàn と "看" kàn の発音はよく似
ていますが，"干" gàn は無気音，
"看" kàn は有気音。

練習 言ってみよう！

你现在在干什么呢？" nǐ xiànzài
zài gàn shénme ne?と聞かれて
「中国語を勉強しているところで
す」と答えてみよう。

答えはP128

Mao's collection

泥人 nírén

泥人形は北京のよりも天津が有
名だが，日本に持ち帰って数年
するとどれが北京のでどれが天
津のかわからなくなる。さらに
無錫の泥人形も有名だ。大きな
頭をした男女の童は "大阿福"
dà'āfú と呼ばれ，これが無錫の
もの。黄色い服を着た子供は天
津ので，おそらく "泥人张"
Nírén Zhāng の作品。下のも
のは北京のような気がする。

これ中国語でどう言うの？

这个用汉语怎么说？

これは
マスカラ

マラカス＝"沙锤" shāchuí

ヂェイゴ　ヨん　ハンユィ　ヅェンマ　シュオ
这个用汉语怎么说？
Zhèige yòng Hànyǔ zěnme shuō?

Point　方式をたずねる "怎么"

実践で中国語をマスターしたいならこのセンテンスをぜひ覚えて。身の回りのいろいろなものを指差して，中国人にどんどん質問することができます。"怎么" には方式をたずねる用法と，原因・理由をたずねる用法（"怎么W"→P130）と二つありますが，ここは方式「どうやって＝how to」をたずねる "怎么H" です。使い方は "怎么○○？"（どうやって○○するの？）の形で○○に動詞フレーズを入れるだけ。

这个菜怎么做？ Zhèige cài zěnme zuò?（この料理どうやって作るの？）

这个字怎么念？ Zhèige zì zěnme niàn?（この字はどう読みますか？）

注意! 私たちが普通に「中国語」と言っている言葉，中国の人たちは "汉语" Hànyǔと自称します。「漢民族の言語」のこと。"中文" Zhōngwénと言うこともあります。"普通话" pǔtōnghuàは「標準語」のことで，北京語を中心とした言葉です。

P127の練習の答え 我在学习汉语呢. Wǒ zài xuéxí Hànyǔ ne.

応用センテンス

ニー　ダ　ミンヅ　ヅェンマ　シエ
你 的 名字 怎么 写?
Nǐ　de　míngzi　zěnme　xiě?
（あなたの名前はどう書きますか）

チュイ　ベイヂんヂャン　ヅェンマ　ヅォウ
去 北京站 怎么 走?
Qù　Běijīngzhàn　zěnme　zǒu?
（北京駅にはどう行きますか）

解説

中国語で人の名前を聞いても，すぐに漢字が思い浮かばないことがよくあります。そんなときには "怎么写？" zěnme xiě?。"名字" míngziは「名字」ではなく「（フルネームの）名前」という意味であることに注意して！

"走" zǒu（歩く、行く）を用いた "去○○怎么走？" は，道をたずねるのに役立つフレーズ。○○に目的地を入れて "去天安门怎么走？" qù Tiān'ānmén zěnme zǒu?（天安門にはどう行きますか）のように使います。

練習　言ってみよう！

故宮には
どう行きますか。

答えはP130

Mao's collection

电子词典 diànzǐ cídiǎn　词典套 cídiǎntào

手前にあるのは中国で買った電子辞書である。日本のよりほっそりしていて小振りだ。"好易通" Hǎoyìtōngというメーカのもので，世界的な中中辞典の権威である《现代汉语词典（2002年増補版）》（商務印書館）が入っているので利用している。その後にあるのが "电子词典套" diànzǐ cídiàntàoでCanonの中国語専用機V80のために特注したもの。デザインは有名な "上海滩" Shànghǎitānが手がけた。このケースをもっている人はめったにいない。

64

CD 064

どうしてまだ料理が来ないの？

菜怎么还不来呢？

ツァイ ヅェンマ ハイ ブー ライ ナ

菜怎么还不来呢？

Cài zěnme hái bù lái ne?

不満をあらわす "怎么"

オーダーミスやダブルブッキング，旅先でちょっとした
トラブルに巻き込まれても泣き寝入りしないで！「なん
でよ！なんとかしてよ！」とどんどん文句を言いましょ
う。レストランで "菜" cài（料理）がなかなかこない
ときには，"还" hái（まだ）を使って "菜怎么还不来呢？"。
この "怎么" は，原因・理由をたずねる "怎么W"（W
=why）の用法。「なんで？」といぶかる気持ちが含ま
れるので，驚きや不満を表すことができます。"怎么W"
の特徴は，後の述語と密着せず，"菜怎么还不来呢？"
のように間に "还" や "不" などがはさまれることが多
いこと。"怎么H"（→P128）と比較してください。

注意！ "你怎么去上
海？"nǐ zěnme
qù Shànghǎi?は"怎么H"
にも "怎么W" にも解釈
することができます。ア
クセントの置かれる位置
によって区別します。
你怎么去上海？
（どうやって上海へ行く
の？）—怎么H
你怎么去上海？
（なんで上海へ行くの？）
—怎么W

P129の練習の答え　去故宫怎么走？　qù gùgōng zěnme zǒu?

130

応用センテンス

ダオイオウ ツェンマ ハイ ブー ライ ナ
导游 怎么 还 不 来 呢?
Dǎoyóu zěnme hái bù lái ne?
（なんでガイドはまだ来ないの？）

チャー ツェンマ ハイ ブー ライ ナ
车 怎么 还 不 来 呢?
Chē zěnme hái bù lái ne?
（なんで車はまだ来ないの？）

ニー ツェンマ ハイ ブー ライ ナ
你 怎么 还 不 来 呢?
Nǐ zěnme hái bù lái ne?
（なんであなたはまだ来ないの？）

解説
激しい交通渋滞もあって，中国では「なんで
まだ来ないの？」と言いたくなるシチュエー
ションがよくあります。"导游" dǎoyóu（ガ
イド），"车" chē（車）などいろいろ入れ替
えて，どんどん文句を言いましょう。

練習 言ってみよう！

ご飯はなんでまだ
来ないの？

答えはP132

Mao's collection

元宝 yuánbǎo

昔，貨幣として使われていた銀のかたまりで，
"元宝" と呼ばれる。金のかたまりもある。こ
れはもちろんイミテーションだが，上海の露天
で買った。売り子は150元といい，しかも本物
と言い張った。本物なら数万元はするだろう。
私はこれを値切り25元で買った。これを見つ
めているのはヒツジの「白ちゃん」で私のイラ
ストの専属モデルである。

相原茂 画

65

CD
065

どうしたの？

你怎么了?

ニー ヅェンマ ラ

Ⓐ 你 怎么 了?
　　Nǐ　zěnme　le?

ウォー イオウディアル　 ブー シューフ

Ⓑ 我 有点儿 不舒服.（ちょっと気分が悪くて）
　 Wǒ　yǒudiǎnr　bù shūfu.

Point "了" leで変身！

"怎么" は「①どうやって（→P128）②どうして（→P130）」という意味の疑問詞でしたが，後に "了" leを伴って "怎么了?" zěnme le?とすると，「どうしたの？」と状況を問う疑問詞に変身します。主語をつけて "你怎么了?" nǐ zěnme le?（あなたどうしたの？），"她怎么了?" tā zěnme le?（彼女どうしたの？）のようにしてもOK。もちろん "怎么了?" と単独でも使えます。"你怎么了?" の声調変化に注意。第3声が連続しているので nǐ zěnme le?→ní zěnme le?となります。

注意！ "有点儿" yǒudiǎnrは副詞で「すこし、ちょっと」。"我有点儿○○" の形で，○○には自分にとって好ましくない意味の形容詞が入ります。たとえば "累" lèi（疲れた）や "忙" máng（忙しい）などの形容詞を入れて，"我有点儿累" wǒ yǒudiǎnr lèi（ちょっと疲れちゃった），"我有点儿忙" wǒ yǒudiǎnr máng（ちょっと忙しい）。

P131の練習の答え 米饭怎么还不来呢？ Mǐfàn zěnme hái bù lái ne?

132

応用センテンス

"有点儿" を使っていろいろクレームをつけましょう。

ツァイ イオウディアル ラー
菜 有点儿 辣.
Cài　yǒudiǎnr　là.
（料理が少し辛い）

ショんイン イオウディアル ダー
声音 有点儿 大.
Shēngyīn　yǒudiǎnr　dà.
（音が少し大きい）

ファんチェン イオウディアル ヅァん
房间 有点儿 脏.
Fángjiān　yǒudiǎnr　zāng.
（部屋が少し汚い）

解説

"辣" làは「（ひりひりして）辛い」，
"声音" shēngyīnは「音」，"脏"
zāngは「汚い」。

練習 言ってみよう！

今日はちょっと寒い。

答えはP134

Mao's collection

黒猫警长 Hēimāo Jǐngzhǎng

中国のアニメの主人公で黒猫刑事部長というところ。私はアニメは見たことがないが，このテープは面白く聞いた。中国に日本のアニメが紹介され，アトム "铁臂阿童木" Tiěbì Ātóngmùやら一休さん "一休" Yìxiūなどが中国の子供たちの人気を博した。これでは子供の心が日本に奪われてしまうと中国独自のアニメキャラを作っている。これは1987年上海美術映画製作所が作ったアニメ映画のキャラクターだ。知恵と勇気で次々と難事件を解決してゆき，森の平和を守る活躍を描いたもの。

133

66

これどう？

ヂェイゴ　ヅェンマヤん
这个怎么样?

Zhèige　zěnmeyàng?

Point "怎么样?" でアドバイスをもらおう

買い物をしていると, いろいろ目移りして迷ってしまいます。そんなときは, 気に入ったものを手に "这个怎么样?"(これどう？)と誰かに聞いてみるのも一つの手。意外なアドバイスをもらえるかも! "怎么样" は「どうですか, いかがですか」という疑問詞。"这个怎么样?" は, よいか, 悪いか, 気に入ったかなど相手の評価をたずねています。この他にも "怎么样"(どうですか, いかがですか)は「近況」を尋ねたり, 「相手の都合」を尋ねるのにも使えます。詳しくは「応用センテンス」で学びましょう。

注意! "怎么样" の発音に注意。"怎么" zěnme のmeは［メ］ではなく〔マ〕。zěnme を低く押さえてから yàng に移行します。

P133の練習の答え 今天有点儿冷. Jīntiān yǒudiǎnr lěng.

応用センテンス

ニー　ツイチン　ヅェンマヤん
你 最近 怎么样?
Nǐ　zuìjìn　zěnmeyàng?
（最近どう？）

シンチーティエン　ヅェンマヤん
星期天 怎么样?
Xīngqītiān　zěnmeyàng?
（日曜日どう？）

解説

まず、近況をたずねる"怎么样"。"○○怎么样？"の○○にいろいろ入れて"身体／工作／学习怎么样？" shēntǐ／gōngzuò／xuéxí zěnmeyàng?（体調／仕事／勉強はどうですか）と具体的に聞くことができます。次は相手の都合をたずねる "怎么样"。"咱们一块儿去喝酒,怎么样？" zánmen yíkuàir qù hē jiǔ, zěnmeyàng?のように前にセンテンスが来てもOK。

練習　訳してみよう！

味道怎么样？
Wèidao zěnmeyàng?

答えはP136

Mao's collection

唐僧师徒四人 Tángsēng shītú sìrén

これも泥人形だが、三蔵法師ら一行４名だ。中国語でなら "唐僧师徒四人" と言う。この４人の中国名，言えますか。まず三蔵法師は "唐僧" Tángsēngだ。孫悟空は "孙悟空" Sūn Wùkōng，ブタの猪八戒は "猪八戒" Zhū Bājiè，カッパの沙悟浄は "沙僧" Shāsēngである。孫悟空はほかにも "孙行者" Sūnxíngzhě とか "齐天大圣" Qítiān Dàshèngという偉そうな名前を持っている。猪八戒は中国ではスイカが大好きで，女好きなキャラクターとして描かれる。

67

CD 067

どうして?

为什么?

ウェイ シェンマ
为 什么?

Wèi shénme?

 "为什么?"でしっかり聞こう!

日本では「どうして?なぜ?」と踏み込んで聞くと、なんだか相手を責めているみたいになってしまいますが、中国ではしっかり理由を聞き、とことん説明を求めなくてはならないシチュエーションがよくあります。逆に中国人から「なぜ?」と聞かれることもよくあります。"为什么" wèi shénmeは "为" wèi(〜のために)プラス "什么" shénme(なに)「なんのために」→「なぜ、どうして」と理由・原因を尋ねる疑問詞。英語のwhyにあたります。「なぜ?」と聞かれたら、"因为" yīnwèi(〜だから)を使って理由を説明します。

注意! 原因・理由をたずねる疑問詞は "为什么" の他に "怎么W"(→P132)があります。"为什么" は "怎么W" にくらべて、より客観的で冷静な質問。"怎么W" を用いると驚きや不満の感情が含意されます。
你为什么坐火车? Nǐ wèi shénme zuò huǒchē?(どうして列車に乗るのですか)
你怎么坐火车? Nǐ zěnme zuò huǒchē?(どうして列車なんかに乗るの?)

P135の練習の答え 味はどうですか?

応用センテンス

"为什么○○？"の形で○○に動詞フレーズを入れて「どうして○○なの？」と聞きましょう。

🗨 ニー ウェイ シェンマ シュエシー ハンユィ
你 为 什么 学习 汉语?
Nǐ wèi shénme xuéxí Hànyǔ?
（どうして中国語を勉強しているの？）

🗨 ニー ウェイ シェンマ ブー チュィ
你 为 什么 不 去?
Nǐ wèi shénme bú qù?
（どうして行かないの？）

練習 聞いてみよう！

なぜ日本語を勉強しているの？

解説
"为什么"は単独で使うこともできますが，多くは文中で使います。

答えはP138

Mao's collection

检查员 jiǎncháyuán　**推普员** tuīpǔyuán　**示范员** shìfànyuán

小学生の頃，今日は当番というと「やれやれ」という思いはあるものの，それとは別に誇らしげな気分もまじっていた。腕章をつけたり，給食当番の格好をしたり，それなりの任務遂行の制服を身につけ，表情もりりしくなる。中国は今でもこいういう時のグッズをきちんとそろえ，生徒に一定の役割と権利を与える。"检查员"は「持ち物や服装などを検査する人」だ。"推普员"は"推广普及员" tuīguǎng pǔjí

yuánの略だから何かを普及推進する人だ。何を普及推進するかはその時によって異なる。"护绿员" hùlǜyuánや"环保员" huánbǎoyuánは最近出てきた「環境保護」関係だ。"示范员"は「模範生」，これをつけている児童は皆の模範として行動しなくてはならない。例えば"下课不打闹, 不在走廊跑, 见到老师行礼, 在食堂吃饭爱惜粮食, 注意卫生" xiàkè bù dǎnào,bú zài zōuláng pǎo,jiàndào lǎoshī xínglǐ,zài shítáng chīfàn àixī liángshi,zhùyì wèishēng（授業間の休み時間に騒がない，廊下を走らない，先生に会ったら挨拶する，給食の時，食べ物を大事にする，衛生に注意する）などなど。いや，これは疲れる。

CD
068

"迷你裙"ってどういう意味?

"迷你裙" 是什么意思?

"ミーニーチュン" シー シェンマ イース

"迷你裙" 是什么意思?

"Mǐnǐqún" shì shénme yìsi?

Point いろいろ聞ける便利なフレーズ

何か知らない言葉がでてきたら "○○是什么意思?"
○○ shì shénme yìsi?で質問できます。耳にしたこ
とはあってもよく意味がわからない言葉を入れます。
"迷你裙" mǐnǐqúnは「ミニスカート」という意味。"意
思" yìsiは「意味」です。

練習 言ってみよう!

"上网" ってどういう意
味?

答えはP140

注意! "什么" の発音
はピンインでは
shénmeと第2
声+軽声になっ
ていますが,中
国人の実際の発
音は少し違いま
す。shénは第3
声のように低く
発音し,meの部
分でやや高く上
がります。

応用センテンス

"イーメイル" シー シェンマ イース
"伊妹儿" 是 什么 意思?
"Yīmèier" shì shénme yìsi?

("伊妹儿" ってどういう意味?)

★ "伊妹儿" は「Eメール」の音訳,漢字を選ぶときには
音だけではなく意味も工夫して「彼(彼女)の妹」とな
っています。

"サンみんヂー" シー シェンマ イース
"三明治" 是 什么 意思?
"Sānmíngzhì" shì shénme yìsi?

("三明治" ってどういう意味?)

★ "三明治" sānmíngzhìは「サンドイッチ」。

P137の練習の答え 你为什么学习日语? Nǐ wèi shénme xuéxí Rìyǔ?

Part 5

この日本語はこう言う

日本ではみなが口にするけれど、中国語に置き換え
にくいフレーズを選びました。こんな言い方をするん
だ、と驚きながらマスターしましょう。

我喜欢打高尔夫球. Wǒ xǐhuan dǎ gāoʼěrfūqiú.
（ゴルフが好きです）

ゴルフが好きです。

ウォー シー ホァン ダー　　ガオ アル フー チウ
Ⓐ 我 喜欢 打 高尔夫球.
Wǒ　xǐhuan　dǎ　　gāo'ěrfūqiú.

ウォーイエ シー
Ⓑ 我 也 是.（僕も）
Wǒ yě shì.

 Point 動詞を補って

「ゴルフが好き」は中国語で"我喜欢打高尔夫球"。"喜欢" xǐhuan（〜が好き）の後に"打" dǎという動詞を入れて「ゴルフをするのが好き」と表現するのがポイントです。「コーヒーが好き」なら"我喜欢喝咖啡"wǒ xǐhuan hē kāfēi、「パンが好き」なら"我喜欢吃面包" wǒ xǐhuan chī miànbāo。日本語には現れない動詞"喝" hē、"吃" chīを補って言いましょう。もちろん"我喜欢中国" wǒ xǐhuan Zhōngguó.（中国が好きです）のように名詞を目的語にとることもできます。この場合は「まるごと好き」なのです。

注意! 答え方にも気をつけて。「僕も」という日本語につられて"我也"wǒ yěと言ってしまいがち。中国語では"我也是" wǒ yě shì、"我也喜欢" wǒ yě xǐhuan（私も好きです）と動詞をきちんと言わなければなりません。中国語では動詞が重要なのです。オジさん風に言えば「動詞はドーシタ？」

P138の練習の答え　"上网"是什么意思？ "Shàngwǎng" shì shénme yìsi？ インターネットに接続する。

応用センテンス

A ニー　シーホァン　チャン　カーラーオーケィ　マ
你喜欢 唱 卡拉OK 吗?
Nǐ　xǐhuan　chàng　kǎlāOK　ma?
（カラオケ好きですか）

B シーホァン
喜欢.
Xǐhuan.
（好きです）

解説

「カラオケが好きですか」は「カラオケを歌うのが好きですか」と考えて, "你喜欢唱卡拉OK吗?"。

練習　言ってみよう!

映画好き？

答えはP142

Mao's collection

润喉糖 rùnhóutáng

私は教師のくせに喉が弱い。あるいは教師だから喉を使う，ゆえに喉が弱い。中国，とくに乾燥はなはだしき北京に赴くときは霧吹きを忘れない。これで宿泊先の部屋の湿度アップをはかる。街を歩くときも霧吹きを携帯し，そして我が移動先空間を瞬時に湿度アップしたいのだが，日本人のイメージ下落を恐れこれは自粛している。そのかわりのど飴をしゃぶる。日本から持参したものが底をつくことがある。そのときは中国製でも躊躇なく購入する。写真は私の愛用する中国ののど飴である。丸い缶のは香港の "念慈庵" Niàncí'ānというブランド。四角いのは広州の "王老吉" Wánglǎojíのもの。"润喉糖"とはすなわち「喉ヲ潤ス糖」の謂いである。

141

CD
070

よろしく。

拜托你了.

ミンティエン ウォー リウ ディエン チュイ チーチャン チエ ニー
A 明天 我 六 点 去 机场 接 你.（明日6時に空港に
Míngtiān wǒ liù diǎn qù jīchǎng jiē nǐ. お迎えにあがります）

ナー チウ バイトゥオ ニー ラ
B 那 就 拜托 你 了.
Nà jiù bàituō nǐ le.

Point いろいろなよろしく

日本語の「よろしく」は便利な言葉。中国語にするときは,
何がよろしくなのかはっきりさせて訳しましょう。相手の申
し出に対して「では,よろしく(頼みます)」と言う場合は,
"拜托" bàituō (お願いする,お頼みする)を使って "拜托
你了" bàituō nǐ le.。同じ「よろしく」でも「よろしくお伝
えください」なら,"向○○问好" xiàng ○○ wènhǎo (○
○によろしく)。○○には「人」が入ります。"大家" dàjiā (み
んな)を入れて "向大家问好" xiàng dàjiā wènhǎo (みな
さんによろしく)。初対面で「よろしく(お願いします)」と
言う場合は "请多关照" qǐng duō guānzhào。

注意! "接" jiēに
は「出迎え
る」という意味があ
ります。"去○○接
××" qù○○jiē××の
形で,○○には「場
所」,××には「人」
が入ります。
我去机场接客人.Wǒ
qù jīchǎng jiē
kèren. (空港にお
客さんを迎えに行
く)

P141の練習の答え 你喜欢看电影吗？ Nǐ xǐhuan kàn diànyǐng ma?

応用センテンス

🐼 这件事拜托你了.

チェイ チエン シー バイトゥオ ニー ラ

Zhèi jiàn shì bàituō nǐ le.

（この件，君に頼んだよ）

★"这件事" zhèi jiàn shìは「この件」。"件" jiànは量詞。

🐼 这是我的名片，
请多关照.

チャーシー ウォーダ ミンピエン

Zhè shì wǒ de míngpiàn

チンドゥオ グァンチャオ

qǐng duō guānzhào.

（これは私の名刺です。よろしく
お願いします。）

★初対面のときに使えるセンテンス。"名片" míngpiànは「名刺」。

練習　言ってみよう!

ご家族によろしく!

答えはP144

Mao's collection

万次火柴 wàncì huǒchái

万年マッチというべきか。ともかく半永久
的に使えるマッチというふれこみで，毛沢
東の姿に引かれて買った。この毛沢東の姿
は1949年天安門の上で中華人民共和国政
府の成立を宣言した時のものだ。で，マッ
チだが，3回ぐらい火をつけたら具合が悪
い。だいぶ名と違う。四字成語で言えば"名
不副实" míng bú fù shíだ。外箱には "具
有防水、防潮、防风，耐压不碎，携带方便,
经久耐用，安全可靠，容易储藏与运输"
jùyǒu fángshuǐ、fángcháo、fángfēng,nài
yā bú suì, xiédài fāngbiàn,jīngjiǔ

nàiyòng,ānquán kěkào,róngyì chūcáng yǔ yùnshū,（防水、防湿、防風に
すぐれ、重みに耐え割れない，携帯に便利，長持ちし，安全で信頼でき，保存
し易く，運び易い）と書いてあったのだが。

ちょっと見せて。

給我看看.

ゲイ　ウォー　カン　カン
给 我 看看.
Gěi wǒ kànkan.

 重ね型

"给我看看"は「ちょっと私に見せてください」。"给" gěiは「与える」という動詞の用法もありますが，ここでは「〜に（させる）」という介詞として使われています。ポイントは"给我" gěi wǒの後ろの動詞が "看看" kànkanと繰り返されていること。これを「重ね型」と呼びます。重ね型にせず "给我看" gěi wǒ kàn（見せろ！）とすると命令口調になってしまいます。重ね型で語気を和らげて！

 動詞を繰り返した「重ね型」の意味は「試しに〜する」「ちょっと〜する」。"看看" kànkanと繰り返した後ろの動詞は軽く読むのに注意。

P143の練習の答え　向你家人问好！　Xiàng nǐ jiārén wènhǎo!

応用センテンス

ゲイ ウォー ティんティん
给 我 听听.（聞かせて）
Gěi wǒ tīngting.

ゲイ ウォー ヨん ヨん
给 我 用用.（使わせて）
Gěi wǒ yòngyong.

解説

日本語では「聞かせて」「使わせて」ですが, 中国語にすると"给我听听"（私に聞かせて）"给我用用"（私に使わせて）と「私に」が入っているのがポイント。もちろん"给你用用" gěi nǐ yòngyong（使わせてあげる）"给他用用" gěi tā yòngyong（彼に使わせてあげて）としてもOK。「誰に」を忘れずに。

練習 言ってみよう!

味見させて。
味わうは"尝" cháng。

答えはP146

Mao's collection

印泥盒 yìníhé

朱肉のことを"印泥" yìnníという。日本でも印泥ということばもある。"泥" níという以上, スポンジ状の朱肉ではない。やはり粘り気がある泥状の本格的なものでなくてはならない。中国では写真のような丸い陶器の容れ物に詰めたものが売られている。値段も手頃だし, 日本にはあまりないようだし, どことなく典雅な品であり, し

かも朱肉というのは結構使うので, 知人へのお土産にもよい。その後ろは緑の玉石を彫って印泥入れにしたもの。昔の職人芸が偲ばれる逸品である。

72

CD 072

すみません。

服务员

フーウーユエン，　ディエン ツァイ
服务员，点菜！
Fúwùyuán,　diǎncài!

（すみません，注文お願いします）

Point 呼びかけ方

見知らぬ人に話しかける場合，中国語には日本語の「すみません」にあたるようなオールマイティに使える言葉がありません。状況や相手によって呼びかけ方が変わって来ます。観光旅行でまず覚えたい呼びかけは"服务员"fúwùyuán。"服务员"とは「服務する人，つまり（レストランやデパートなどの）店員」という意味。男性に対しても女性に対しても使えるので便利です。女性の従業員を"小姐"xiǎojie（おねえさん）と呼ぶこともあります。シチュエーション別では，人に頼み事をしたり道をあけてもらったりするときは"劳驾"láojià，なにかをたずねるときには"请问"qǐngwèn。状況を見て使い分けましょう。

注意！ "服务员"の次に覚えたいのは"师傅"shīfu。"师傅"は労働者や店員に対する呼びかけで，特にタクシーやバスの運転手さんに話しかけるときに使えます。男性・女性どちらでもOK.

P145の練習の答え 给我尝尝。 Gěi wǒ chángchang.

応用センテンス

相手を見て呼びかけよう！

店員さんに
フーウーユエン

🍑 **服务员**
fúwùyuán

若い女性に
シァオチエ

🍑 **小姐**
xiǎojie

男性に
シエンション

🍑 **先生**
xiānsheng

運転手などの職人に
シーフ

🍑 **师傅**
shīfu

子どもに
シァオポンイオウ

🍑 **小朋友**
xiǎopéngyǒu

練習 言ってみよう！

子どもに向かって「おじょうちゃん，お名前は？」

答えはP148

Mao's collection

谜语书 míyǔshū

私はなぞなぞ大好きおじさんである。昔はなぞなぞ大好きお兄さんであった。但し「お願い，ベッドでなぞなぞは出さないで」などと懇願されたことは無い。中国のなぞなぞは例えばこうである。

为我打你，	Wèi wǒ dǎ nǐ,	私のためにお前を打つ
为你打我，	wèi nǐ dǎ wǒ,	お前のために私を打つ，
打破你的肚子，	dǎpò nǐ de dùzi,	お前の腹をうち破ると，
流出我的血。	liúchū wǒ de xiě.	私の血が流れでる

この答は "蚊子" wénzi（蚊）である。なぞなぞは民族の比喩の結晶。朗読すれば中国語のリズムがわかる。語彙も増える。よいことばかりだ。

147

Part **5**

この日本語はこう言う

CD
073

はい。

是的.

A 你 是 日本人 吗?　（あなたは日本人ですか？）
　Nǐ shì Rìběnrén ma?

ニー シー リーベンレン マ

B 是 的.

シー ダ

Shì de.

Point 七変化のYes・No

中国語のYes/Noの言い方は，英語や日本語のように単純で
はありません。疑問文によってそれぞれ答え方が変わります。
"你是日本人吗?" のような "是" shìを用いた疑問文に対し
ての答え方は，"是"（はい），"不是" bú shì（いいえ）。"是"
以外の動詞を用いた疑問文には，その動詞を使って答えます。
たとえば "你们去吗?" nǐmen qù ma?（行きますか）なら，
疑問文に使われている動詞 "去" qù を用いて，"去" qù（はい,
行きます）"不去" bú qù（いいえ，行きません）。"你要吗?"
nǐ yào ma?（いりますか）なら，"要" yào（ええ，いります）
"不要" bú yào（いいえ，いりません）。七変化のYes・No,
決まりがわかれば簡単です。

注意! Noを表す
"不" bùは
本来第4声ですが，
後に第4声が来ると
bùは第2声に変化し
ます。声調記号も変
化した第2声のマー
クをつけるのが普通
です。
bù＋第4声
→bú shì[不是]
→bú yào[不要]
→bú qù[不去]
→第2声に変化

P147の練習の答え 小朋友，你叫什么名字？　Xiǎopéngyǒu, nǐ jiào shénme míngzi?

148

応用センテンス

「NO」には "不" だけでなく "没(有)" méi(you) も用いられます。

ニー チュィグオ マ.

A 你去过吗?

Nǐ qùguo ma?

（行ったことがありますか？）

チュィグオ／ メイ（イオウ） チュィグオ

B 去过. ／ 没(有) 去过.

Qùguo. ／ Méi(you) qùguo.

（はい／いいえ）

解説

「～しなかった」という否定は "没(有)" を使います。このとき，完了を表す "了" le は消えるのでした。

「～をしたことがない」と否定する場合も "没(有)" を使います。ただし，経験を表す "过" guo は残ることに気をつけて。

"你吃过这个吗?" Nǐ chīguo zhèige ma? と聞かれて「No」と答えてみましょう。

答えはP150

Mao's collection

公章 gōngzhāng

どこかの人民公社の判子である。いまは人民公社などというものはなくなった。当然判子もいらない。かつては威力を振るったのではないか。骨董市で売られていた。その右下にあるのはやはり木製の手作りの判子で "囍"（双喜）という字が見える。人民公社や農村で結婚を許可するときにでも押したのだろう。じっと見ているとさまざまなドラマが背後に浮かび上る。

74

あまり好きではありません。

ウォー ブータイ シーホァン

我不太喜欢.

Wǒ　bútài　xǐhuan.

 日本人好みの表現に

日本人はストレートな表現が苦手。「好きじゃない，嫌い」とはっきり言うのをためらってしまうことがあります。そんな時 "不太○○" bútài ○○「あまり○○ではない」というちょっと婉曲な表現を覚えておくと便利。○○に "喜欢" xǐhuan（好き）という動詞を入れて "不太喜欢" bútài xǐhuanとすると「あまり好きではありません」と日本人好みの表現になります。

注意! "不太○○" の○○には動詞・形容詞フレーズを入れる事ができます。
我不太想去.Wǒ bútài xiǎng qù.（あまり行きたくありません）
这件衣服不太好看. Zhè jiàn yīfu bútài hǎokàn.（この服はあまり可愛くない）
她今天不太高兴.Tā jīntiān bútài gāoxìng.（彼女は今日あまり機嫌がよくない）

P149の練習の答え 没(有)吃过. Méi(you)chīguo.

チェイゴ　ツァイ　ブータイ　ハオチー
这个 菜 不太 好吃.
Zhèige　cài　bútài　hǎochī.
（この料理はあまりおいしくない）

ウォー　ブータイ　シーホァン
我 不太 喜欢.
Wǒ　bútài　xǐhuan.
（私あまり好きじゃないな）

解説

中国料理はおいしいとは言え，たまには口に合わない料理だってあります。思い切って「あまりおいしくない」「あまり好きじゃない」と自分の好みを伝えるのも大事です。"好吃" hǎochīは「おいしい」。

練習　言ってみよう!

お店で "这个怎么样?" zhèige zěnmeyàng?（これどう?）と勧められました。「あまり好きじゃない」と返しましょう。

答えはP152

Mao's collection

瓷枕 cízhěn

陶器や磁器でできている枕である。隋の頃に現れ，唐代に普及し，宋金元のころ最も盛んに作られたという。左右対になっている。童子の表情と涼やかな色が気に入っている。いろいろな造形のものがあるが，このような童子をかたどったのものは "娃娃枕" wáwazhěnとか "孩儿枕" háirzhěnと呼ばれる。夏など昼寝に使えば心地良さそうだが，使ったことは無い。小さなものは漢方医が脈を診るときに，患者の腕をこの上に載せるのに使う。そういわれてみればちょうどよさそうだ。

75

CD
076

間違えました。

我打错了.

ドゥィブチー,　　ウォー ダーツォ ラ
对不起，我打错了.（ごめんなさい。間違えました）
Duìbuqǐ,　　　　wǒ　dǎcuò　le.

 "○○错了"

「間違える」は中国語で "错" cuò。「間違えました」を中国語にする場合，"我错了" wǒ cuò leとするより "○○错了" ○○ cuò leの○○に動詞を補って，「○○し間違った」と言う方がより中国語的表現になります。電話を掛け間違えたのなら，動詞 "打" dǎ (電話を掛ける) を入れて "打错了" dǎcuò le。「書き間違った」なら "写错了" xiěcuò le，「言い間違った」なら "说错了" shuōcuò le。「人を間違えた」なら "认" rèn (見分ける) を使って "认错人了" rèncuò rén le。「間違えました」を中国語にするときは，何を間違ったのかちゃんと見極めて中国語にするのが大切です。ここでも動詞が大事！

注意! 動詞を入れないで "我错了" というと「まるごと」「すべて」間違いになります。
对不起，我错了 .Duìbuqǐ, wǒ cuò le.（申し訳ありません，私の責任です）

152

P151の練習の答え 我不太喜欢. Wǒ bútài xǐhuan.

応用センテンス

ドゥィブチー,　　　　ウォー ティんツォ　ラ
对不起，我听错了.
Duìbuqǐ,　　　　 wǒ　tīngcuò　le.
（聞き間違えました）

ドゥィブチー,　　　　ウォー ヅォウツォ　ラ
对不起，我走错了.
Duìbuqǐ,　　　　 wǒ　zǒucuò　le.
（道を間違えました）

ドゥィブチー
对不起，
Duìbuqǐ,

ウォー　チーツォ　ラ
我记错了.
wǒ　 jìcuò　 le.
（記憶違いでした）

★ "记" jìは「覚える、記憶
する」。

ごめんなさい，言い違えまし
た。

答えはP154

Mao's collection

可口可乐 Kěkǒu kělè

外来語の訳し方というと必ずといっていいほど登場
するのが「コカコーラ」。古典的名訳とされる"可
口可乐"は音から見てもCoca Colaに近いし，意味
から見れば「口にすべし，楽しむべし」で申し分な
い。外来語の訳は音義融合が理想とわかる。ミニス
カートを"迷你裙" mínǐqún（あなたを迷わすスカ
ート）とするのも同じ趣向だ。ところでビールは"啤
酒" píjiǔである。これはbeerの音で "啤" píとした

ものだが，この字は「口に卑しい」と書く。ビールごときは酒にあらずと，な
んとなく見下げていたのではと想像される。

私の財布がないんです。

我的钱包丢了.

ウォー　ダ　　チエンバオ　ディゥ　ラ
我 的 钱包 丢 了.
Wǒ　de　qiánbāo　diū　le.

 Point なくなった！

"我的钱包" wǒ de qiánbāo（私の財布）の部分が
主語で"丢了" diū le（なくなった）が述語です。"丢"
diūは「失う、なくす」と言う意味。「なくなった」
という言い方は他にも "不见了" bú jiàn le（見え
なくなった→なくなった）、"没了" méi le（なくな
った）があります。"没"は"没有"の"没"です。"我
的钱包不见了" wǒ de qiánbāo bú jiàn le、"我的
钱包没了" wǒ de qiánbāo méi leのように言って
もOKです。何かなくして困ったとき、なくなった
ものを主語の部分に入れて使ってみよう。

注意! "丢" diūや"忘" wàng
という動詞はほぼ必
ず"丢了" diū le "忘了" wàng
leという"了" leを伴った形
で使われます。物がなくなっ
たり、物を忘れたことに気づ
いてはじめて"丢" や"忘"
という動詞を使うからです。
"别丢了" bié diū le（なくさ
ないように）や"别忘了" bié
wàng le（忘れないように）
も"了"を伴った形です。

P153の練習の答え　对不起, 我说错了.
Duìbuqǐ, wǒ shuōcuò le.

応用センテンス

ウォー ダ ヤオシ ディウ ラ
🐼 **我的钥匙丢了.**
Wǒ de yàoshi diū le.
（私の鍵がないんです）

ウォー ダ フーチャオ ディウ ラ
🐼 **我的护照丢了.**
Wǒ de hùzhào diū le.
（私のパスポートがないんです）

★ "钥匙" yàoshiは「かぎ」, "护照"
hùzhàoは「パスポート」。

練習 言ってみよう！

私の腕時計がないんです。
＊「腕時計」は "手表" shǒubiǎo。

答えはP156

Mao's collection

值日生 zhírìshēng 卫生值日 wèishēng zhírì

私は中国の小学校で校門の傍らに立ち，
登校してくる児童たちに朝の挨拶をする
可愛い "值日生" を見たことがある。"值
日生" とは「その日の当番の人」だ。朝
早く来て教室の掃除をしたり，校門に立
ちみんなを迎える。授業の後には黒板を
きれいに消す。「週番」なら「その週の
当番の人」だから当然 "值周生"
zhízhōushēngとなる。「月番」という
のがあるなら "值月生" zhíyuèshēngと
なる理屈だ。中国語はそういうふうにで
きている。その日に記すのが「日記」な
ら，週単位で記すのは "周记" zhōujìで，
月単位なら "月记" yuèjìとなる。これを
"报" bào（新聞，報告物）などで見れば
"日报" rìbào，"周报" zhōubào，"月报"
yuèbào，"年报" niánbàoということに
なる。"卫生值日" は「衛生当番」の係。

いただきます。

我吃了.

ウォー チー ラ
我吃了.

Wǒ chī le.

Point 臨機応変に

日本人にとって「いただきます」「ごちそうさま」は食事を
するとき無意識に口をついて出るあいさつですが，中国語に
はこれにあたる決まった言葉はありません。家庭では"妈,
我先吃了！" mā,wǒ xiān chī le!（お母さん，先にいただき
ます）と声をかけることもありますが，何も言わずおもむろ
に食べ始めることも珍しくはありません。何人かで円卓を囲
んで会食する場合は，ホスト側が"我们吃吧" wǒmen chī
ba（いただきましょう），ゲスト側が"那我就不客气了" nà
wǒ jiù bú kèqi le（じゃあ，遠慮なくいただきます）と言
って食事をはじめます。中国式「いただきます」は臨機応変
なのです。

注意! 「ごちそう
さま」も固
定表現はありませ
ん。「ごちそうさま」
と言わないと，食べ
終わったような気が
しない人は，"吃饱
了" chībǎo le（お
なかいっぱい），"吃
不了了" chībuliǎo
le（＜おなかいっぱ
いで＞食べられませ
ん）などと言ってみ
ましょう。

P155の練習の答え　我的手表丢了.　Wǒ de shǒubiǎo diū le.

応用センテンス

A ウォー ヅォウ ラ
我 走 了.
Wǒ zǒu le.
（いってきます）

B ニー マンヅォウ
你 慢 走.
Nǐ mànzǒu.
（いってらっしゃい）

解説

＊"你慢走" は「気をつけて」。ちなみに「ただいま」は "我回来了" wǒ huílai le（帰りました）、「お帰り」は "你回来了" nǐ huílai le（帰ってきたね）。

先に食べるね。

答えはP158

Mao's collection

喜糖 xǐtáng

よろこびの "糖"（アメ）である。中国では結婚しましたという印に職場の同僚などにアメを配る習慣がある。アメは赤い袋に入れるのだが, ここにもおめでたい "双喜" shuāngxǐの文字 "囍" が見える。「いつ結婚するんだい？」というかわりに "什么时候让我吃喜糖？" Shénme shíhou ràng wǒ chī xǐtáng?（いつ喜糖を食べさせてくれるんだい）という言い方があるぐらいだ。

CD
078

疲れた。

累死了.

レイスー　ラ
累 死 了.
Lèisǐ　le.

Point 誇張表現

「ひどく疲れた」を"很累" hěn lèiとしても間違いでは
ありませんが，いまひとつ感情が伝わってきません。ネ
イティブなら少し大袈裟に"累死了" lèisǐ le.「疲れて
死にそうだ→ひどく疲れた」と言います。誇張を好む中
国語らしい表現です。

"很" hěn "真" zhēn "非常" fēichángなどの程度副詞
は形容詞の前につけますが，"〜死了" 〜 sǐ leは補語な
ので後に添えます。"饿死了" èsǐ le（お腹がすいた）"气
死了" qìsǐ le（むかつく）"吓死了" xiàsǐ le（びっくり
する）などマイナスなことに使う場合が圧倒的に多いの
ですが，"高兴死了" gāoxìngsǐ le（大喜びする）"笑死了"
xiàosǐ le（大笑いする）のようにプラスに使われること
もあります。なお"死了" sǐ leはどれも軽声に近く発音
します。

注意!　"累死了"は「疲
れて死んだ」と
「ひどく疲れた」と両方
に解釈することができま
す。どちらの意味か，普
通は文脈で判断できま
す。
今天去爬山，累死了.
Jīntiān qù páshān,
lèisǐ le.（今日は登山を
して，とても疲れた）
他由于过度疲劳累死了.
Tā yóuyú guòdù píláo
lèisǐ le.（彼は疲労のあ
まり死んでしまった）

P157の練習の答え　我先吃了.　Wǒ xiān chī le.

応用センテンス

チェイ ドゥアン シーチェン ラオ チューチャイ　　マンスー ラ

这 段 时间 老 出差，忙死了．

Zhèi duàn shíjiān lǎo chūchāi, mángsǐ le.

（ここのところ出張が続いてとても忙しい）

チェイ チー ティエン ラオ シア ユィ　　ファンスー ラ

这 几 天 老 下雨，烦死了．

Zhèi jǐ tiān lǎo xiàyǔ, fánsǐ le.

（最近雨ばかりで気がめいる）

解説

"老" lǎoは副詞で「いつも，しょっちゅう」。"出差" chūchāiは「出張する」。"差" の発音はchàではなくchāiであることに注意。"烦" fán（いらいらする）＋"死了" sǐ leで「ひどくいらいらする」。"死了" はどちらも軽めに読みましょう。

練習　言ってみよう！

お腹すいて死にそう。早くご飯にしよう。

答えはP160

Mao's collection

皮影人物 píyǐng rénwù

中国の影絵芝居に使われる人物である。影絵芝居は "皮影戏" píyǐngxìと言われ，陝西や山西，四川，河北などで盛んに行われた。その土地によって人物造形も微妙に異なる。近年の映画《活着》Huózheで往事の影絵芝居のあり様を伺える。

最近発行された影絵の
中国切手（4枚一組）

これください。

我要这个.

ウォー ヤオ チェイゴ

我要这个.

Wǒ yào zhèige.

Point 指差してゲット！

メニューが読めなくても，単語がわからなくても，"我要这个"と指差すだけで確実に欲しい物をゲットできる優れもののセンテンス。"要" yàoは「欲しい」という意味の動詞。レストランでメニューの料理名を指して"我要这个"。お店で商品を指して"我要这个"。シンプルなセンテンスこそ一番使えるのです。

練習 言ってみよう！

お茶屋さんでウーロン茶を指差して，「これ下さい」

答えはP161

応用センテンス

ウォーヤオ ネイゴ
我要那个.
Wǒ yào nèige.
（あれください）

ウォーヤオ リアん ゴ
我要两个.
Wǒ yào liǎng ge.
（2つください）

ウォーヤオ チんヂァオ ロウスー
我要青椒肉丝.
Wǒ yào qīngjiāo ròusī.
（チンジャオロースーください）

★"我要○○"の○○にいろいろな名詞を入れることができます。"那个" nèige（あれ），"两个" liǎng ge（2つ），"青椒肉丝" qīngjiāo ròusīは「ピーマンと細切り肉の炒め物」。

P159の練習の答え 我饿死了，快吃饭吧. Wǒ èsǐ le, kuài chīfàn ba.

がんばれ！

加油！

チアイオウ
加油！
Jiāyóu!

Point 油を加えて

2008年の"奥林匹克运动会" Àolínpīkè yùndònghuì（オリンピック）に向けて着々と準備が進む中国。中国語で応援すれば，盛り上がること間違いなしです！中国語で「がんばれ！」は，"加油！"。「油を加えろ！」とはユニークな表現ですね。この"加油!"，基本的にスポーツなどの応援に使います。「勉強がんばってね」とか「仕事がんばって」には，"好好儿" hǎohāor（ちゃんと，しっかり）を使って"好好儿学习" hǎohāor xuéxí（しっかり勉強して）"好好儿工作" hǎohāor gōngzuò（ちゃんと働いて）といったほうが，ぴったりきます。

練習 言ってみよう！

日本がんばれ！

答えはP162

応用センテンス

チョングオ ドゥイ　チアイオウ
🍵 中国队！　加油！　（中国チーム！がんばれ！）
　　Zhōngguóduì!　　Jiāyóu!

チアイオウ　チアイオウ
🍵 加油！　加油！　（がんばれ！負けるな！）
　　Jiāyóu!　　Jiāyóu!

★ "队" duìは「チーム」。"加油！"は繰り返されることがよくあります。

P160の練習の答え　我要这个．Wǒ yào zhèige.

161

この日本語はこう言う

Part 5

チーズ！

说茄子！

シュオー チエヅ

说 茄子！
Shuō qiézi!

Point 「なすび」で笑顔

記念写真を撮るとき，日本語では「はい，チーズ！」
と掛け声をかけますが，中国語では「チーズ」ではな
くて「なすび」を使って「はい，なすび！」と言いま
す。どうして「なすび」？実は中国語で"茄子"qiézi（な
すび）と発音すると，誰でもにっこり満面の笑顔にな
るからです。さあ，今すぐ試してみてください！

練習 🚩言ってみよう！

撮るよ。笑って！チ
ーズ！

答えはP164

応用センテンス

チャオ ラ　　イー，アル，サン　　チエヅ

照了！ 一，二，三！ 茄子！
Zhào le! Yī, èr, sān! Qiézi!
（撮るよ。はい，チーズ）

★"照"zhàoは「（写真を）撮る」という動詞。最近は単に"茄子"だけでも使い
ます。"茄子"の前に"一，二，三！"でタイミングを取ることも。

P161の練習の答え 日本队！加油！ Rìběnduì! Jiāyóu!

Part 6

さりげなくニクイひとこと

会話のスパイスとなるひとことフレーズです。この章のフレーズを使いこなせれば、中国人にも一目おかれるはず。

祝你一路平安. Zhù nǐ yílù píng' ān.
（気をつけてね）

82

CD
082

おごるよ。

我请你.

ウォー チん ニー

我请你.

Wǒ qǐng nǐ.

Point ご馳走の "请" qǐng

割り勘がまだあまり普及していない中国では，おごったり
おごられたりする機会が格段に増えます。お世話になった
人，何かを手伝ってもらう人などに，自分から "我请你" と
切り出してお礼をすると，もっと親しくなるきっかけがつ
かめます。この "请" は「〜してください」（→P12）では
なく「おごる，招待する」という意味。"我请你" で「私は
あなたにおごります」。ただし「おごるよ」と気軽に言える
のは日本と同様，仲の良い友人か同僚，あるいは目下の人
が多いようです。

注意! "我请你" は
第3声が3
つ連続しています。
意味的には "我｜请
你" と切れるのでwǒ
qǐng nǐ→wǒ qíng
nǐと変調させて読み
ます。

P162の練習の答え 照了！笑一笑！说茄子！　Zhào le!Xiàoyixiào!Shuō qiézi!

応用センテンス

ウォー チン ニー チー ファン
我 请 你 吃 饭.
Wǒ qǐng nǐ chīfàn.
（食事をおごります）

ニー チン ウォー バ
你 请 我 吧. （おごってよ）
Nǐ qǐng wǒ ba.

解説

具体的に何をおごるかを言う場合は "我请你○○"。○○には "吃饭" "喝茶" "喝酒" など動詞フレーズが入ります。中国語では "我请你吃饭／喝茶／喝酒" と動詞を入れることに注意。親しい間柄なら "你请我吧" とこちらから要求してもOK。近頃は「割り勘」も徐々に定着してきました。「割り勘」は "AA制" AA zhì。「割り勘にしよう」は "今天咱们AA制吧" jīntiān zánmen AA zhì ba。

練習 言ってみよう！

お酒おごって！

答えはP166

Mao's collection

镇纸 zhènzhǐ

文鎮である。文鎮のことを中国語では "镇纸" と言う。これは動詞＋目的語という構造をしている。すなわち "镇" zhèn（押さえる）＋ "纸" zhǐ（紙）である。これは石でできている。表面に "锲而不舍金石可镂" qiè ér bù shě jīnshí kě lòu（たゆまず続ければ金石も彫ることができる）の文字がある。発奮せざるべからざる句である。隣のクジラは何か。よくわからない。ペーパーウエィトに使っているが，頭のへこんだところに親指を乗せるとはなはだ具合がよい。親指休めだという説がある。

83

CD 083

とんでもない。

哪儿的话．

チンティエン チェン シンクー ニー ラ
Ⓐ 今天 真 辛苦 你 了.
Jīntiān zhēn xīnkǔ nǐ le.
（今日はほんとにお疲れ様でした）

ナール ダ ホア
Ⓑ 哪儿的话.
Nǎr de huà.

 きっぱり否定

直訳すると「どこの話？」。あなたの言っているのはどこの話？どこにもそんなことはありませんよ，というきっぱりとした否定をあらわします。こういうきっぱりとした否定のセリフが言えるのは，気楽な，親しい間柄で，かつ感謝されたり謝られたりしたとき。「何言ってんのよ！」と明るく笑い飛ばす感じです。

注意! "哪里哪里" nǎlinǎli（どういたしまして）と似ていますがニュアンスが異なります。"哪里哪里" は相手の言ったことを全面的には否定せず，褒められたことに対して謙遜するものです。実際は相手の言葉を受け入れながらへりくだっています。相手に気を使っています。一方，"哪儿的话" nǎr de huà は相手の言ったことを全面的に否定して，そういう事実はない，あんたお世辞を言っているのでしょう，といった口振りになることすらあります。謙遜したつもりがかえって失礼になってしまうことがあるので気をつけましょう。こちらは親しい，気の置けない間柄で使っておけば安心。

P165の練習の答え 你请我喝酒吧！ Nǐ qǐng wǒ hē jiǔ ba!

応用センテンス

チャーマ　ワン　　ダーラオ　ニー　　ヂェン　ドゥイブチー
A 这么 晚，打扰 你，真 对不起.
Zhème wǎn, dǎrǎo nǐ, zhēn duìbuqǐ.
（こんなに遅くにおじゃまして本当にすみません）

ナール　ダ　ホア
B 哪儿 的 话.
Nǎr de huà.
（なに言ってんの）

解説

"这么" zhèmeは「こんなに」、「あんなに」は "那么" nàme。"打扰"
dǎrǎoは「じゃまをする」。"打扰你了" dǎrǎo nǐ le「おじゃましました」という表現もあります。

練習 言ってみよう！

友達に謝られました。中国語で「とんでもない、私たち友達でしょう」と答えてみよう。

答えはP168

Mao's collection

酒瓶套 jiǔpíngtào

お酒の瓶に衣装よろしく着せておくもので，その名も "唐装酒瓶套" tángzhuāng jiǔpíngtàoという。"套" tàoとは外側からすっぽり覆うものである。うやうやしく，大切に包むわけだから，お酒はぜひとも "葡萄酒" pútaojiǔや "茅台酒" máotáijiǔなどでなくてはいけないのだろう。これを2本セットにして新婚のカップルに送るのが受けているという。"酒瓶套" 自体は1枚10元ぐらいで手頃な土産物だ。この他にも香水の瓶を包み込む "唐装香水瓶套" tángzhuāng xiāngshuǐ píngtàoもある。まあ，よくいろんなものを考えるものだ。

84

CD
084

いらっしゃい。

你来了！

ニー ライ ラ

你来了！

Nǐ lái le!

Point あなたの存在を認めています！

文末の"了" leはある動作が実現や完了したことを表します。「あなたは来た→いらっしゃい」という意味になります。このように相手がやってきたことをそのまま表現すれば一つのあいさつになります。中国語では「あなたの存在を私は認めていますよ」と口に出すことがあいさつになります。他にも先生がやってきたとき"王老师！"Wáng lǎoshī!（王先生！）と名前を呼べば立派なあいさつですし、"吃饭了？"chīfàn le?（食事すんだ？）もそうですね。「こんにちは」や「おはようございます」にあたる言葉以外でもあいさつに使えるのです。

注意! お店の人が言う「いらっしゃい」とは違います。店員がお客に言う「いらっしゃいませ」は"欢迎光临"huānyíng guānglín と言います。お店に入っていったとき，お店の人が言っているのはこのせりふです。最近よく聞かれるようになりました。

P167の練習の答え　哪儿的话，我们是朋友吧. Nǎr de huà, wǒmen shì péngyou ba.

応用センテンス

チン ライ チン ライ
进来 进来.
Jìnlai jìnlai.
（さあさあ中に）

チン ホー チャー
请喝茶.
Qǐng hē chá.
（お茶をどうぞ）

チン チン
请进.
Qǐng jìn.
（どうぞお入りください）

チン ヅォ
请坐.
Qǐng zuò.
（どうぞおかけください）

解説

"你来了！"「いらっしゃい」と言った後はどうしますか？お客さんが来たときに使ういろいろなフレーズをその後に続けます。状況にあわせて使ってみよう！

練習 言ってみよう！

いらっしゃい。どうぞお入りください。

答えはP170

Mao's collection

瓜子钳 guāzǐqián

これは普通の人は何かわからないだろう。中国の人はよく "瓜子儿" guāzǐrといってスイカやヒマワリの種を食べる。それも殻つきのを歯で噛んで食べる。ところで中国料理にもヒマワリの殻を剥いたものがでてくる。あれは誰かが歯で噛んで殻をとっているのだろうかと考えたことはないだろうか。そうではない。これが殻取り器なのである。"瓜子儿" の大きさに合わせて大中小の穴にいれて殻を破る。私は使ったことがないが。

それから？

然后呢?

ランホウ　ナ
然后呢?

Ránhòu　ne?

 もっと話して！

話の続きを催促するときや，相手が話したことからその後の展開をさらにつっこんでたずねたいときに使います。子供がお話を聞いていて「それから，それから」と続きを催促する感じです。"然后呢?" と催促されたほうは "然后妈妈对我说〜" ránhòu māma duì wǒ shuō 〜（それからお母さんが私に言ったの…）というふうに "然后" から話を切り出すことがよくあります。話を盛り上げるのに最適の一言です。

注意! "然后" ránhòu は接続詞です。"先商量一下，然后再决定吧" xiān shāngliang yíxià, ránhòu zài juédìng ba（先にちょっと相談してから決めよう）のように文の途中に使われることが多いです。「〜して，それから〜」というふうに，何かが続いて起こることを表します。

P169の練習の答え　你来了！请进. Nǐ lái le! Qǐng jìn.

応用センテンス

クアイ シュオーア ランホウ ナ
快说啊，然后呢?
Kuài shuō a,　　ránhòu　ne?
（はやく言ってよ，それから？）

ランホウ ナ チエシアライ ファーションラ シェンマ
然后呢? 接下来 发生了 什么?
Ránhòu　ne?　Jiēxialai　　fāshēngle　　shénme?
（それから？続いてなにが起こったの？）

解説

"快说啊" Kuài shuō aは「はやく言ってよ」と明るく催促する感じです。"快吃吧" Kuài chī baなら「はやく食べなさい」です。"快"＋動詞は使いでがあります。"接" jiēはここでは「続く」です。"下来" xialaiは継続することを表します。"发生"fā shē ngは「起こる，発生する」。

練習 言ってみよう!

それから？どうするの？

答えはP172

Mao's collection

古人姿态一百图 gǔrén zītài yìbǎitú

昔，馬王堆という古代の遺跡が発掘された。いろいろなものが出土したが，そこに一枚の導引術の絵があった。導引術は一種の体操のようなものだ。古代人がさまざまなポーズをとっている。その絵が私はいたく気に入った。おおらかと言うか，勝手というか，ほのぼのとしている。発掘されたのはわずか20ポーズぐらいであったが，私は知人の中国の画家に頼んで100の姿態を想像して描いていただいた。なかなか味があるので，ときどき本のカットなどに使わせて頂いている。

86

CD 086

ほら！

ニー　カン
你看！
Nǐ　kàn!

 具体的に！

「ほら！」って中国語でなんて言うんだろう，とっさの言葉って訳しにくいものです。コツは具体的な動作を言うことです。"你看" nǐ kànの意味は「あなた、見て」。探している学校はほら（あなた、見て）あそこだよと言うような場合に使います。「ほら（あなた、聞いて）」という場合なら"你听" nǐ tīngと「聞く」を使います。相手に「耳を傾ける」よう、注意を促すわけです。もう一つ、「ほら（あげる）」と言うときには "给你" gěi nǐ と「あげる」の部分を言います。いかがですか、日本語は「ほら」なのに、中国語はすべて具体的に言いますね。

 「見る」は"看"のほかに"瞧" qiáoという言い方があり、「ほら見て」という場面ではこちらもよく使います。"你瞧" nǐ qiáoとなります。"你看" nǐ kànも"你瞧" nǐ qiáoも短く "看" kàn，"瞧" qiáoだけでも使えます。

P171 の練習の答え　然后呢，怎么办？　Ránhòu ne, zěnme bàng?

応用センテンス

"你看" nǐ kànや "你听" nǐ tīngのどれを使うかはその場の状況によって決まります。

ニー カン　　シュエシァオヅァイ　ナール

你看，学校在那儿．

Nǐ kàn,　　xuéxiào zài　　nàr.

（ほら，学校はあそこだよ）

★"〜在那儿" 〜zài nàrは「〜はあそこにある」。

ニーティん　　イオウ レン チァオ メン

你听，有人敲门．

Nǐ tīng,　　yǒu rén qiāo mén.

（ほら，だれかノックしてる）

★"敲" qiāoは「たたく」，"敲门" qiāo ménで「戸をたたく、ノックする」。

ゲイ ニー

给你，

Gěi　nǐ,

シー ニー ヤオ　ダ　シーディー

是你要的ＣＤ．

shì nǐ yào　de　　CD.

（ほら，欲しがっていたＣＤだよ）

練習　言ってみよう！

ほら，彼女が来たよ。

答えはP174

Mao's collection

木雕人物 mùdiāo rénwù

木彫りの人形である。３体並べたが，いずれも昔からある意匠なのだろう。形が決まっている。手前の童子はお尻をぺろりとむき出しにしている。"开裆裤" kāidāngkùという股が割れたズボンをはいているのだ。その隣のも面白い。縦に見ると２人（後の子は頭を地につけている），ところが横に見るとまた２人にみえる。この格好は絵になったり，玉で造形されたり，よく見かけるものだ。後に佇んでいるのは老人か仙人か。中国は老人と童子という組合せが良く似合う。

87

CD 087

だいじょうぶ。

没关系.

メイ　グァンシ

没关系.

Méi　guānxi.

 関係ない

"对不起" duìbuqǐと謝られたときに使えます。相手があなたの足を踏んだとか，あなたの服にコーヒーをかけたとかいう場合です。"没" méiは "没有" méiyou（ない）の "没" méi，"关系" guānxiは「関係」，直訳すると「関係ない」です。「謝られた内容は私にとって関係ありません→わたしはまったく気にしません→だいじょうぶです」という意味になります。ただし，これはとても鷹揚な態度です。同じように謝られたときの返答として "不要紧" bú yàojǐnというのも使えます。

注意! "不要紧" bú yàojǐnの "要紧" yàojǐnは「重大だ，切実だ」という意味なので "不要紧" は「たいしたことない」という意味になります。少しは被害があったけどたいしたことない，大丈夫という感じです。"没关系" のほうは「まったく気にしない」と，無条件で相手に許しを与えています。

P173の練習の答え 你看，她来了. Nǐ kàn, tā lái le.

174

応用センテンス

ドゥイブチー　　　　ウォー バー ニー ダ シュー ノンヅァン ラ

A 对不起，我把你的书弄脏了．
Duìbuqǐ, wǒ bǎ nǐ de shū nòngzāng le.
（ごめんなさい，あなたの本を汚しちゃった）

メイ　グァンシ

B 没关系． （だいじょうぶ）
Méi guānxi.

解説

"把" bǎは「〜を」という意味，"把你的书" bǎ nǐ de shūで「あなたの本を」。動詞の前に対象物をもってきて「〜をどうする」というふうに，あるものに何か処置を加えることを表します。"弄" nòngは「する，やる」という意味の動詞で，"脏" zāngは形容詞「汚い」，"弄脏" nòngzāngで「汚くする，汚す」という意味です。"弄"を忘れがちなので気をつけよう！

練習
言ってみよう！

A：お待たせしました，すみません。
B：だいじょうぶです。

答えはP176

Mao's collection

邮票 yóupiào

中国の切手は文化大革命の頃に発行されたものは独特の味がある。マニアの間で値段も張る。はじめの3枚は "农业学大寨" nóngyè xué Dàzhài（農業は大寨に学ぶ）というスローガンを切手にしたもの。"农业学大寨，工业学大庆" nóngyè xué Dàzhài, gōngyè xué Dàqìng（農業は大寨に学び，工業は大慶に学ぶ）という標語があるように，"大寨" Dàzhàiと "大庆" Dàqìngというのは長い間中国の農業と工業のモデル地区であった。次の2枚は "工农兵上大学" gōngnóngbīng shàng dàxuéを描いたもの。労働者や農民兵士こそが大学で学ぶべきだという運動だ。学力より思想が重んじられた時代のなごりである。

結構です。

ヤオ ブ ヤオ ウォー バん ニー

A 要不要 我 帮 你? （お手伝いしましょうか？）
Yàobuyào wǒ bāng nǐ?

ブーヨん ラ

B 不用 了.
Búyòng le.

Point 断りのフレーズ

"要不要〜?" は "要" yào（必要だ）の肯定形プラス否定形ですから，反復疑問文ですね。"我帮你" wǒ bāng nǐは，「私があなたを手伝う」。つまり，「手伝いましょう」という相手の申し出に対して「結構です，その必要はありません」と断るときに"不用了"を用います。"不用" búyòngは「〜する必要がない，〜しなくてもいい」という意味。「お手伝いしてもらう必要はありません」「それには及びません」という意味から「結構です」というような婉曲な断り表現になります。

注意! "不用" は "你不用做什么" nǐ búyòng zuò shénme（あなたは何もする必要がない）のように文中でもよく用いられます。このときは「結構です」ではなくもとの意味の「〜する必要がない」です。

P175の練習の答え
A：让你久等了，对不起．Ràng nǐ jiǔ děng le,duibuqǐ.
B：没关系．Méi guānxi.

応用センテンス

ウォー ペイ ニー チュィ イーユェン マ

Ⓐ 我陪你去医院吗?

Wǒ péi nǐ qù yīyuàn ma?

（病院についていきましょうか？）

ブーヨん ラ

Ⓑ 不用了.

Búyòng le.

（結構です）

解説

"陪" péiは「お供をする，付き添う」という意味。"陪你去医院" péi nǐ qù yīyuànは「あなたに付き添って病院にいく」。

練習 言ってみよう！

A：他になにか要りますか？
B：結構です。

答えはP178

Mao's collection

糖 táng

中国のアメである。アメ，キャンディは"糖"とか"糖果" tángguǒという。中国のアメは種類はまだそう多くはないが，おいしい。結婚してみんなに配る"喜糖" xǐtángもそうだが，アメも人を接待する立派な小道具だ。私も昔，皮をぺろりと剥いて「さあどうぞ」とアメを差し出されたことがある。こうされると仕方がない，好意もだしがたくぺちゃくちゃ舐めたが，変な気分だった。"饴" yíという字も「アメ」という意味を表すが，ほとんど使われない。「砂糖」は"砂糖" shātángというし，「氷砂糖」は"冰糖" bīngtáng，「白砂糖」は"白糖" báitángである。一方，"软糖" ruǎntángは「ゼリー」，"薄荷糖" bòhetángは「薄荷アメ」。砂糖もアメも，どちらも"糖"の字を使う。

177

Part 6

さりげなく＝クイひとこと

89

CD 089

やめとこう。

算了吧.

スアン ラ バ

算了吧.

Suàn le ba.

Point もうやめだ

"算" suànだけだと「計算する」という意味ですが "算了" suàn leとなると「やめた」になります。意見があわなくて議論したり，こだわっていたことがあったけどもうやめよう，終わりにしようというようなときに使います。「もういいよ。やめとこう。つまらぬことにはこだわらない」という気分を表します。相手に忠告する場合もあります。例えば，"还在吵啊，算了吧" hái zài chǎo a,suàn le ba（まだけんかしてるの，やめなよ）などと使います。「まあまあいいじゃないか，些細なことにこだわるな，やめとけ，ほっとけ」という感じです。ちょっと大人びた口調で言いましょう。

注意! タクシーに乗りました。運転手さんが「えーと，おつり2元，2元」などとつぶやきながら小銭をさがしています。こんなとき "算了吧" と言えば，「いいよ，いらないよ」という意味になります。一度お試しください。

178

P177の練習の答え

A：还要别的吗？　Hái yào bié de ma?
B：不用了．Búyòng le.

応用センテンス

ハオ ラ　　スアン ラ　バ
好了，算了吧.
Hǎo le,　suàn le ba.
（わかったよ，もうやめよう）

スアン ラ　バ　　ビエ ハン ラ
算了吧，別喊了.
Suàn le ba,　bié hǎn le.
（やめなよ，大声を出さないで）

解説

"好了" は "好" hǎo＋"了" le で「よ
い」という状態になった，ここ
では相手の意見を聞き入れて「も
ういいよ」，「わかったよ」とい
う感じです。"别〜了" bié 〜 le
は「〜しないで」。"喊" hǎn は「大
声を出す，叫ぶ」。"别哭了" bié
kū le なら，「もう泣かないで」。

練習　言ってみよう！

やっぱりやめとこう。
＊「やっぱり」は "还是" を使って。

答えはP180

Mao's collection

风筝 fēngzheng

タコは中国語で "风筝" と言う。昔の凧
は高く揚げると風によって "筝" zhēng
（琴に似た楽器）のような音をたてたこ
とから，かく名付けられたと言う。とも
あれ中国の凧は芸術品である。手が込ん
でいて外で揚げるのが惜しくなり，部屋
に装飾品として飾っておきたくなる。だ
からこそ，このように切手の図案に使わ
れたりする。凧揚げ，日本ではお正月が
季節だが，中国では5月1日のメーデー
の頃によく見られる。

90

ご自由に。

A 你想去哪儿? （どこにいきたいの？）
Nǐ xiǎng qù nǎr?

B 随便，你安排吧. （ご自由に，あなたが決めて）
Suíbiàn, nǐ ānpái ba.

Point おまかせで

どこに行きますか，なにが食べたい，いつがいいですか，など希望を聞かれたとき，なんでもいいです，おまかせしますと答える表現です。相手にまかせてしまうわけですから，サラリといいましょう。"随便" は「自由にする，好きなようにする」という意味。"随你的便" suí nǐ de biàn（あなたの便に従う→あなたの都合のよいように）のように "随" suí と "便" biàn のあいだに語が入ることもあります。

 注意! "随你的便" には、二つのニュアンスがあります。ひとつは、「あなたの自由にしてください，おまかせします」という場合。もうひとつは、「あなたの勝手にすれば！」とつきはなして言う場合です。

P179の練習の答え 还是算了吧. Háishi suàn le ba.

応用センテンス

随他的便吧.
スイ ター ダ ビエン バ
Suí tā de biàn ba.
（彼の都合のいいようにしてください）

咱们随便走走吧. （ぶらぶら歩きましょう）
ヅァンメン スイビエン ヅォウヅォウ バ
Zánmen suíbiàn zǒuzou ba.

解説

"随便" は「（人の）便に従う」という動詞＋目的語構造の動詞なので "便" の後ろにさらに目的語をとることはできません。つまり "×随便他" suíbiàn tāとは言えず，"随他的便" suí tā de biàn "随你的便" suí nǐ de biànのように間に語句を入れて表現します。"随便" の後ろに動詞が続いて「自由に～する，好きなように～する」ということがあります。このときの "随便" は形容詞です。

Mao's collection

毛泽东选集 Máo Zédōng xuǎnjí　**忠字章** zhōngzìzhāng
毛主席万岁 Máo zhǔxí wànsuì

わが学生時代は中国の文化大革命の時期だった。紅い表紙の《毛主席语录》Máo zhǔxí yǔlùも手にしたし，よく読んだ。《毛泽东选集》ももちろんワンセット備えていた。必読文献だった。ところが今そのいずれも見当たらない。どこかで処分してしまったらしい。《毛主席语录》の中で今も覚えている一句は "枪杆子里出政权" qiānggǎnzili chū zhèngquán（鉄砲から政権が生まれる）である。実に正しい。日本では「選挙から政権が生まれる」。写真は毛語録と同じ大きさだが，《毛主席万岁》という題の，これは

毛主席の写真や詩詞をあつめた本である。となりのバッジは一つは《毛泽东选集》をかたどったもの。ひとつは "忠" zhōngの字バッジだ。毛沢東への忠誠を誓う印だ。そういえばかつては "忠字舞" zhōngzìwǔという踊りまであった。

なに言ってるの！

看你说的！

カン　ニー　シュオー　ダ
看 你 说 的!
Kàn　nǐ　shuō　de!

Point 何を言ったか見てみなさい！

練習 言ってみよう！

直訳すると「自分の言ったことを見なさい→何ということを言うんですか」。相手の言うことに同意できないとき，親しい間柄であればこう答えます。大げさに褒められたとき，皮肉や嫌味を言われたときに使います。"瞧你说的" qiáo nǐ shuō deと "看" kànの部分を同じく「見る」をあらわす "瞧" qiáoに換えた言い方もあります。相手が自分のことを低めて言い過ぎたときにも「そんなことないでしょ」「そんなこと言わないで」ととがめる感じで使います。

A：あなたってほんと賢いよね。
B：なに言ってるの。

答えはP183

応用センテンス

ウォー メイイオウ シェンマ チーシュー
A 我 没有 什么 技术.
Wǒ　méiyou　shénme　jìshù.
（何の取り得もないんだ）

カン ニー シュオーダ
B 看 你 说 的. （なに言ってるの）
Kàn　nǐ　shuō　de.

★"技术" jìshùは「技術，技能」。

そうだったの。

原来是这样.

ユェンライ シー ヂェイヤン
原来 是 这样.
Yuánlái shì zhèiyàng.

Point なんだ！そうか！

"原来" yuánláiは「なんと」，"这样" zhèiyàng「このような」。それまで気づかなかったことに対して，事実がわかり合点がいく，「なんだ，そうだったんだ」という気分を表します。"原来如此" yuánlái rúcǐ，"原来是这么回事" yuánlái shì zhème huí shìと言う言い方もあります。"如此" rúcǐは「このように」，"这么回事" zhème huí shìは「このようなこと」です。

練習 言ってみよう！

なんだ彼だったのか。

答えはP184

応用センテンス

ユェンライ シー ニー ヤ
🗣 原来 是 你 呀!
Yuánlái shì nǐ ya!
（なんだあなただったの）

★"这样" zhèiyàngの部分を具体的なものに替えることもできます。「誰かと思ったら○○さんか」と言うようなときはこの一言。

ユェンライ メイイオウ レン ア
🗣 原来 没有 人 啊! （なんだ誰もいないのか）
Yuánlái méiyou rén a!

★誰かいると思って入ってみたら誰もいなかったという場合。

P182の練習の答え
A：你真聪明！ Nǐ zhēn cōngmíng!
B：看你说的. Kàn nǐ shuō de.

183

CD 093

それもそうだね。

イエ ハオ

也好.

Yě hǎo.

也好.

Point 一応賛成

相手の意見に対してそういうのもありだね，と同意する表現です。もろ手を挙げて大賛成！というよりは「まあそれでもいいか」というときに使います。もう少し言葉を補うと "这样也好" zhèiyàng yě hǎo（そのようにするのもいい）で，"这样" zhèiyàng（そのように）は相手の意見やアイデアをさします。同じように使える表現は他に，"也行" yě xíng，"也成" yě chéng，"也可以" yě kěyǐ があります。"也" の後ろの "行" xíng，"成" chéng，"可以" kěyǐ いずれもOKという意味。

練習 言ってみよう！

外で食べるのもいいよ。

答えはP185

応用センテンス

"也好" 単独で返事に使うこともできますが，文末におくこともできます。

ニー ミンティエン チュィ イエ ハオ

你 明天 去 也 好.（あなたは明日行ってもいいよ）

Nǐ míngtiān qù yě hǎo.

ニー らん ター チュィ イエ コーイー

你 让 他 去 也 可以.（彼に行かせてもいいよ）

Nǐ ràng tā qù yě kěyǐ.

★"让" ràng は「〜させる」，"我让他做" wǒ ràng tā zuò（わたしが彼にやらせる）のように "○○让△△〜" の形で「○○が△△に〜させる」という意味になります。

P183の練習の答え 原来是他呀！ Yuánlái shì tā ya!

94

CD
094

お話にならない。

不像话.

Part 6

さりげなくニクイひとこと

ブーシアんホア
不像话.
Bú　xiànghuà.

Point 道理に合わない！なってない！

"像话" xiànghuàは「話のようだ、話のていをなしている→道理にかなっている」、これを "不" bùで否定すると「話のていをなしていない→お話にならない、道理に合わない」という意味になります。道理に合わないという場合のほかにも、人の性格や態度がなっていないという場合にも使います。例えば "要说他，可真不像话" yào shuō tā,kě zhēn bú xiànghuà（あいつときたら、まったくお話にならない）。"要说他" yào shuō tāは「彼のことを言うなら」、"可" kěは「実に、まったく」。"真" zhēn（ほんとうに）や "太" tài（とても）はよく前におかれ "真不像话" zhēn bú xiànghuàや "太不像话" tài bú xiànghuà，のように使われます。

練習  言ってみよう！

あんたってほんとに話にならない。

答えはP186

応用センテンス

タイ ブー シアん ホア
🗣 **太不像话.**（まったくお話にならない）
Tài bú xiànghuà.

ナー ヂョん ツォファー ブー シアん ホア
🗣 **那种 做法 不 像话.**（そんなやりかたはお話にならない）
Nà zhǒng zuòfǎ bú xiànghuà.

★ "种" zhǒngは量詞で「種類」、"做法" zuòfǎは「やり方」。

P184の練習の答え 在外边吃也好. Zài wàibian chī yě hǎo.

185

95

CD 095

お邪魔しました。

打扰你了.

ダーラオ ニー ラ

打扰你了.

Dǎrǎo nǐ le.

Point 帰り際の一言

"打扰" dǎrǎoは「邪魔をする」です。人のお宅にお邪魔したときの帰りがけに，夜遅く電話をしたとき，相手が何かしているときに手を止めさせてしまったというときにも使います。日本語で「お邪魔しました、失礼しました」というような状況でだいたい使えます。"打扰" の部分を "打搅" dǎjiǎoに替えても同じです。また，相手が複数の時には "你们" nǐmenに，目上の人の時には "您" nínへと，"你" の部分を替えることもできます。

練習 言ってみよう!

先生の部屋に質問しに行きました。用事が済んで部屋を出るときに「おじゃましました」と言ってみよう!

答えはP187

応用センテンス

ダーラオ ニーメン ラ

🌀 打扰你们了.（お邪魔しました）

Dǎrǎo nǐmen le.

★人のお宅を訪ねたりして相手が複数のときに使います。

チャーマ ワン ダー ディエンホア ダーラオ ニー ラ

🌀 这么晚打电话, 打扰你了.

Zhème wǎn dǎ diànhuà, dǎrǎo nǐ le.

（こんなに遅く電話して，わるかったね）

★"打电话" dǎ diànhuàは「電話をかける」。この場合は友達などに夜遅く電話をかけたときの切り際に。

P185の練習の答え 你真不像话. Nǐ zhēn bú xiànghuà.

96

CD 096

まったく。

真是的.

ヂェンシ ダ
真是的.
Zhēnshi de.

Point しょうがないなあ

相手に何か不満があって「もう，まったく」というときに使います。不満を表すといっても，強く怒っているのではなく，「しょうがないなあ」というふうに親しい人をなじる感じです。この種の文にはよく"你这个人" nǐ zhège rénつまり"你"＋"这个人"のような同格表現がよく出てきます。「あなたという，その人→あなたって人は」という意味で，その後にその人への不満が続きます。

練習 言ってみよう！

あなたったらもう，いつも遅れるんだから。
＊「いつも」は"老"を使って。

答えはP188

応用センテンス

ニー ヂェイガ レン　ヂェンシ ダ　イオウ ホア チエン
你 这个人，真是 的，又 花钱.
Nǐ zhèige rén, zhēnshi de, yòu huāqián.
（あなたったらもう，またお金を使って）

★親しい人からお土産やプレゼントをもらったとき，うれしいけど困るなあという場面です。こんな風にも使えます。

ウォー ヂェイガ レン　ヂェンシ ダ　ドゥイブチー
我 这个人，真是 的，对不起.
Wǒ zhèige rén, zhēnshi de, duìbuqǐ.
（わたしとしたことが，まったく，すみません）

★失敗したときに「わたしとしたことが，まったく」というふうに"我这个人" wǒ zhèige rénという形で，謝るときにも使えます。

Part 6　さりげなくニクイひとこと

97

CD 097

おつかれさま。

辛苦了.

シンクー　ラ
辛苦了.
Xīnkǔ le.

Point ねぎらいの一言

「ごくろうさま，おつかれさま」というねぎらいの言葉です。仕事が終わったときに，なにかやってもらったときに一声かけるのに便利なフレーズです。"辛苦" xīnkǔは「苦労である」という意味です。"辛苦你了" xīnkǔ nǐ leと"辛苦"のあとに"你"をいれたり，"大家辛苦了" dàjiā xīnkǔ le（みなさんおつかれさま）と前に"大家" dàjiāを加えたりして，場面に合わせて使えます。

練習 言ってみよう！

李さん，ほんとにおつかれさま。

答えはP189

応用センテンス

シァオワン　チンティエン　シンクー　ラ
🔹 小王，今天 辛苦 了.（王さん今日はおつかれさま）
Xiǎo Wáng, jīntiān xīnkǔ le.

タイ　シンクー　ニー　ラ
🔹 太辛苦 你 了.（ほんとにおつかれさま）
Tài xīnkǔ nǐ le.

★ "太" tàiを加えて程度を強めて言うこともできます。

188

P187の練習の答え 你这个人，真是的，老迟到. Nǐ zhèige rén, zhēnshi de, lǎo chídào.

CD
098

気をつけてね。

祝你一路平安!

チュー ニー イールー ぴんアン
祝 你 一 路 平 安!
Zhù nǐ yílù píng'ān!

Point 旅立つ人へ

"祝你一路平安" は，これから旅立つ人に「どうぞ気をつけて」と旅の安全を祈って贈る言葉です。「道中ご無事で」などと訳されることが多いですが，あっさり「気をつけて」としたほうが自然。"祝" zhù は「祈る，心から願う」，"祝你○○" zhù nǐ ○○の形で「○○であれと祈る」という意味で，○○には"一路平安"のような成語や決まった言い方が入ることが多いようです。

注意! おなじ「気をつけて」でも，お客さんを見送って別れるときの「気をつけて」は，"慢" màn（ゆっくり）を用いて"你慢走" nǐ mànzǒu「ゆっくりお帰りください→お気をつけて」。「体に気をつけて」は"你注意点儿身体" nǐ zhùyì diǎnr shēntǐ。「風邪に気をつけてね」なら"小心" xiǎoxin（注意する）を用いて"小心别感冒" xiǎoxin bié gǎnmào。

応用センテンス

チュー ニー リュィトゥー ユィクアイ
祝 你 旅途 愉快!
Zhù nǐ lǚtú yúkuài!
（旅行を楽しんでね）

★"旅途" lǚtú（道中、旅行中），"愉快" yúkuài（楽しい）。

P188の練習の答え 小李，太辛苦你了。 Xiǎo Lǐ,tài xīnkǔ nǐ le.

お会計お願いします。

买单!

マイ ダン
买单!
Mǎidān!

"买单!" でリッチな気分?!

日本では高級料理店でないかぎり，食事の後の支払いはレジでしなければなりませんが，中国では小さなお店でもテーブルでお勘定をすませることができるので，ちょっとリッチな気分が味わえます。方法は簡単。店員さんにアイコンタクトをして "买单!" と声をかけるだけ。伝票をテーブルまで持って来てくれます。領収書が必要な場合は "请给我发票" qǐng gěi wǒ fāpiào（領収書をお願いします）と言いましょう。

豆知識　"买单!" はもともと広東語。最近中国全土で使われるようになりました。標準語では "结帐!" jiézhàng!（会計する）と言います。広東語から入ってきた言葉は他に "打的" dǎdí（タクシーを拾う）（"的" díは "的士" díshì（タクシー）のこと）などがあります。

応用センテンス

シァオチエ　マイ ダン
Ⓐ 小姐，买单!
Xiǎojie,　mǎidān!
（お会計お願いします）

イーゴん サンバイ バー
Ⓑ 一共 三百 八.
Yígòng　sānbǎi　bā.
（全部で３８０元です）

★女性の店員には "小姐" xiǎojie, "服务员" fúwùyuánなどと呼びかけます（→P 146）。"一共" yígòngは「全部で、合計で」。

来るまで待ってるよ。

不见不散.

ブー　チエンブー　サン
不 见 不 散.
Bú　jiàn　bú　sàn.

Point 待ち合わせの後に

友達と会う約束をした後に付け加える一言。"不见"
bú jiàn「会えない」ならば "不散" bú sàn「その場
を離れない」。すなわち「会えなければその場を離れ
ない→会えるまで待つ」という意味です。おまじない
のようなものですが，口調はいいし，話を切り上げる
のにも便利なので良く使います。

注意! "不见不散" と否定の
"不" bù が連続してい
るのに注目。"不见" と "不散"
の関係は "不见" ナラバ "不散"
ですから，「条件」や「仮定」
になっています。"不" の変調
にも注意。

応用センテンス

チンティエン ワンシャん リウ ディエン ラオディーファん チェン
A 今天 晚上 六 点 老地方 见.
　　Jīntiān　wǎnshang　liù　diǎn　lǎodìfang　jiàn.
（今晚6時にいつものところで）

ブーチエン　ブー サン
B 不 见 不 散.
　　Bú　jiàn　bú　sàn.
（来るまで待っているね）

★"老地方" lǎo dìfang は「いつもの場所」。

Part
6

さりげなくニクイひとこと

相原茂（あいはらしげる）

元お茶の水女子大学教授。1948年福島県生まれ。東京教育大学大学院修士課程修了。テレビ、雑誌などのメディアで活躍中。主な著書に『はじめての中国語』（講談社現代新書）、『必ず話せる 中国語入門』（主婦の友社）、エッセイ集『北京のスターバックスで怒られた話』（現代書館）など。責任編集に『講談社 中日辞典 第二版』（講談社）、共同編集に『東方中国語辞典』（東方書店）。

S T A F F

装丁	大下賢一郎
本文デザイン	電撃企画
本文イラスト	赤澤英子　太田みちよ　コイケケイコ　富田淳子
編集協力	森中野枝　村山洋子　田禾
発音表記	新沼雅代　工藤亜希子　石井友美
音声吹込み	陳涛（中国語）　矢嶋美保（日本語）

※本書は2005年に主婦の友社から刊行された『中国語最強フレーズ100』を改題し、若干の修正を加え、付属CDを廃止して再販したものです。

話してみたい 中国語必須フレーズ100

2022年5月20日 初版発行

著者	相原茂
発行者	原雅久
発行所	株式会社 朝日出版社
	〒101-0065 東京都千代田区西神田3-3-5
	電話 03-3263-3321
	振替口座 00140-2-46008
	http://www.asahipress.com
印刷	凸版印刷株式会社

ISBN 978-4-255-01276-6 C0087
©Asahi Shuppan-sha, 2022　Printed in Japan

乱丁本・落丁本は，小社宛にお送りください．送料は小社負担にてお取替えいたします。
本書の無断複写（コピー）は著作権法上での例外を除き，禁じられています．